DINOSAURIOS
EN 30 SEGUNDOS

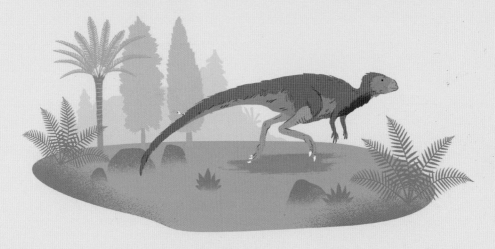

BLUME

TÍTULO ORIGINAL *Dinosaurs in 30 Seconds*

EDICIÓN Hazel Songhurst, Susan Kelly, Susie Behar, Lucy Menzies, Robin Pridy

DIRECCIÓN CREATIVA Y ARTÍSTICA Michael Whitehead, Hanri van Wyk

DISEÑO Emily Portnoi, Emily Hurlock

TRADUCCIÓN Manuel Pijoán Rotgé, Zoólogo

COORDINACIÓN DE LA EDICIÓN EN LENGUA ESPAÑOLA
Cristina Rodríguez Fischer

Primera edición en lengua española 2017

© 2017 Naturart, S.A. Editado por Blume
Carrer de les Alberes, 52, 2.º, Vallvidrera, 08017 Barcelona
Tel. 93 205 40 00 E-mail: info@blume.net
© 2016 The Ivy Press Limited, Brighton (Reino Unido)

I.S.B.N.: 978-84-16965-19-9

Impreso en China

WWW.BLUME.NET

Preservamos el medio ambiente. En la producción de nuestros libros procuramos, con
el máximo empeño, cumplir con los requisitos medioambientales que promueven la
conservación y el uso responsable de los bosques, en especial de los bosques primarios.
Asimismo, en nuestra preocupación por el planeta, intentamos emplear al máximo
materiales reciclados y solicitamos a nuestros proveedores que usen materiales
de manufactura cuya fabricación esté libre de cloro elemental (ECF)
o de metales pesados, entre otros.

DINOSAURIOS
EN 30 SEGUNDOS

Sean Callery

Ilustraciones: **Sam Hubbard**

Asesoramiento científico: **Dr. Patrice Bouchard**

BLUME

Contenido

Acerca de este libro
... en 60 segundos

¿Por qué son tan fascinantes los dinosaurios? ¿Es por su tamaño increíble? Algunos eran tan largos como cinco autobuses de dos pisos y otros eran tan altos como edificios de cinco plantas. O puede que fuera su aspecto: dientes afilados como navajas y garras tan largas como dagas, extraños cuernos y crestas, largas púas en la cola y en la espalda. Algunos dinosaurios incluso tenían alas y plumas. Eran como dragones o monstruos en la vida real.

Este libro te llevará por un viaje en el tiempo, hasta hace unos 225 millones de años, cuando los dinosaurios dominaban la Tierra. La «era de los dinosaurios» duró 160 millones de años, un período de tiempo unas 800 veces más largo que el que llevan existiendo los seres humanos. Durante este período de tiempo, los continentes se separaron y luego chocaron unos con otros creando cordilleras, miles de volcanes, e incluso mares y océanos enteros.

Era un mundo de extremos, donde a menudo se trataba de «comer o ser comido». Tan solo a los dinosaurios más fieros o más grandes no los cazaban otros dinosaurios. Podrás explorar este sorprendente mundo de bosques pantanosos, lagunas tóxicas y enormes desiertos con tormentas de arena letales y encontrar dinosaurios junto con insectos gigantes, monstruos marinos y reptiles voladores.

Pero ¿cómo sabemos que todo esto existía? Gracias a los paleontólogos, ¡claro está! Estos detectives de los dinosaurios desvelan la verdad de cómo vivían estas bestias formidables hace tanto tiempo. Descubre cómo unos pocos huesos y dientes encontrados en el suelo, o incluso apenas la huella de una pisada, pueden revelar qué aspecto tenía un dinosaurio o lo rápido que corría.

Y sin embargo sigue habiendo muchos misterios sobre los dinosaurios. ¿De qué colores eran sus pieles? ¿Cómo eran sus sonidos? No lo sabemos con certeza. Sabemos que desparecieron con rapidez, pero sigue habiendo interrogantes sobre el motivo. ¿Conoceremos realmente alguna vez las verdaderas historias de estos increíbles animales? Prepara tus herramientas para comenzar a cavar más hondo....

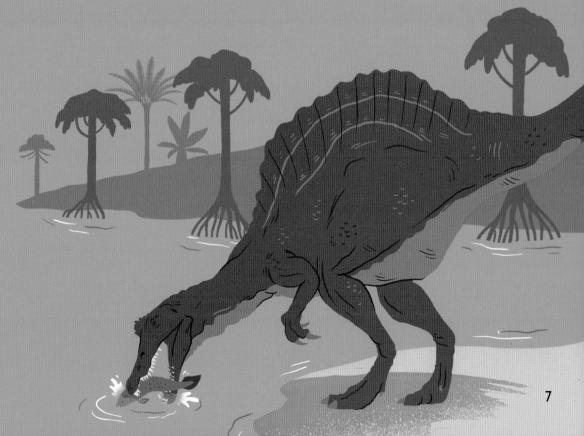

Empieza la vida

Hace unos 4600 millones de años, la Tierra era un planeta rocoso con lava fundida que fluía por su superficie. No tenía aire respirable ni agua. Al cabo de unos cientos de millones de años se formó el agua y empezó a desarrollarse la vida. Los primeros seres vivos fueron bacterias, seguidas de organismos marinos simples. Cuando las plantas empezaron a crecer sobre tierra firme, los animales se desplazaron del agua a la tierra. Aquellos con aspecto de lagarto que prosperaron fueron unos de los parientes más antiguos de los animales más grandes que caminaron sobre la Tierra, los dinosaurios.

Empieza la vida
Glosario

adaptación Proceso por el que un ser vivo se acomoda al medio ambiente y a sus cambios.

adaptarse Dicho de un ser vivo, acomodarse a las condiciones del medio ambiente y a sus cambios.

ancestro Animal (o grupo de animales) de cuyo pasado desciende un animal (o un grupo de animales) actual; así, por ejemplo, una abuela es el ancestro de su nieta.

anfibios Grupo de animales vertebrados que, como las ranas, los sapos y las salamandras, respira en el agua (o en un medio muy húmedo) durante la primera parte de su vida, y con pulmones cuando es adulto. Como adjetivo, anfibio se aplica a los animales y plantas que pueden vivir tanto en el agua como en tierra.

arcosaurios Grupo de reptiles que comprende los dinosaurios (incluidas las aves) y los cocodrilos.

artrópodos Grupo de animales invertebrados que, como los insectos, las arañas y los crustáceos (gambas, cangrejos, etc.), tienen el cuerpo segmentado y patas y antenas articuladas.

bacterias Organismos muy simples, consistentes en una célula sin núcleo y tan pequeños que para verlos hace falta un potente microscopio.

cambios genéticos Cambios en un organismo que se transmiten a sus descendientes.

cícadas Grupo primitivo de plantas similares a palmeras, pero no emparentadas con ellas.

clima Conjunto de las condiciones atmosféricas (temperatura, humedad, lluvias, vientos, etc.) que caracterizan una zona o región determinadas.

cola de caballo Planta primitiva con un tallo, hojas muy estrechas y conos.

coníferas Grupo bastante primitivo de árboles o arbustos, como el pino o el ciprés, con hojas como agujas y frutos en cono.

continente Cada una de las siete grandes extensiones de tierra del planeta separadas por océanos: África, Asia, Australia, Europa, la Antártida, Norteamérica y Sudamérica.

coraza Cubierta dura que protege el cuerpo de ciertos animales.

depredador Se dice de un animal que caza a otros animales para alimentarse y subsistir.

era Período geológico de larga duración, como la era Mesozoica, que comprende varios períodos, como el Jurásico.

escala cronológica Período de tiempo que se establece con un propósito determinado o para explicar algún fenómeno o circunstancia.

estrato Capa de roca, por lo general una entre muchas otras.

evolución Proceso según el cual se han ido desarrollando todos los seres vivos, transformándose unos en otros durante largos períodos de tiempo, a partir de los primeros organismos.

evolucionar Desarrollarse gradualmente, pasando de un estado a otro.

fósil Restos de un animal, planta u otro ser vivo que se han transformado en roca.

geología Ciencia que estudia el origen, la historia y la estructura de la Tierra.

gingko Árbol primitivo, pariente lejano de las coníferas, con hojas en forma de abanico y flores amarillas.

invertebrados Grupo de los animales que carecen de columna vertebral.

MA Abreviatura de «hace millones de años» (o de «millones de años» en algunos casos).

mamíferos Grupo de animales vertebrados que respiran aire y tienen pelos y cuyas hembras producen leche para alimentar a sus crías.

nautiloides Uno de los primeros grupos de animales marinos que desarrollaron una concha externa. Los nautiloides eran -y son, en el caso de los *Nautilus*- moluscos cefalópodos, al igual que las sepias y los calamares.

nutriente Sustancia de los alimentos que es necesaria para sobrevivir y estar sano.

organismo Ser vivo individual.

oxígeno Elemento químico gaseoso que se encuentra en el aire; no tiene color, sabor ni olor y es necesario para la mayoría de los seres vivos.

paleontólogo Científico que estudia los fósiles y la historia de la vida.

selva lluviosa Bosque que recibe mucha lluvia a lo largo del año y tiene árboles muy altos.

terápsidos Grupo de reptiles de los períodos Pérmico y Triásico del que descienden los mamíferos.

tetrápodos Grupo de animales vertebrados que tienen cuatro extremidades (o cuyos ancestros las tenían, como las serpientes).

trilobites Grupo de artrópodos primitivos de la era Paleozoica, uno de los primeros grupos que desarrollaron un esqueleto externo duro.

vegetación Conjunto de las plantas propias de un lugar o de una región.

vertebrados Grupo de los animales que tienen columna vertebral y cráneo.

La escala de tiempo geológica
... en 30 segundos

Bajo el suelo en el que estás ahora mismo hay capas y capas de roca. Todas estas capas, que se llaman estratos, llegan hasta muy por debajo del suelo por el que andamos. ¡Imagina las capas de tu pastel favorito y tendrás la idea correcta de cómo son los estratos!

Cuando las ponemos juntas, estas capas nos muestran todos los períodos de tiempo, desde los principios de la Tierra hasta hoy, y esta es la escala de tiempo geológica. Esta escala cronológica, que se mide en «hace (tantos) millones de años» (MA), muestra lo que sucedió en la Tierra, desde las separaciones de los continentes y los choques entre ellos, hasta las erupciones volcánicas, las extinciones masivas y los nuevos tipos de animales y plantas.

Al examinar estas capas de roca, los científicos pueden llegar a saber incluso cómo era el clima de entonces. En estas capas también pueden encontrarse fósiles de plantas, animales y otros seres vivos, lo que nos permite saber qué formas de vida ha habido en la Tierra.

Esto nos ayudó a descubrir la extraordinaria «era de los dinosaurios» (la era Mesozoica), que duró 160 millones de años (los humanos solo llevan existiendo unos 200000 años), cuando eran los animales más grandes y más temibles de las tierras firmes.

Resumen en 3 segundos

La escala de tiempo geológica divide el tiempo desde los orígenes de la Tierra hasta el día de hoy.

Misión en 3 minutos Haz tu propia excavación

Necesitas: • una pequeña herramienta de excavación • un pincel pequeño • un contenedor • cordel • 4 pinzas de ropa • 4 estacas

1 Elige tu «yacimiento» y delimítalo con las 4 estacas, formando un cuadrado.
2 Enrolla el cordel en torno a las estacas y sujétalo a cada estaca con una pinza de ropa.
3 ¡Empieza a cavar! Si encuentras un fósil (un hueso, una piedra o una vaina de semillas) límpialo con el cepillo y luego ponlo en tu contenedor.

Las capas de la Tierra, y lo que se encuentra en ellas, muestran los diferentes períodos de tiempo desde los orígenes de nuestro planeta hasta el día de hoy.

Era Cenozoica

Cuaternario (2,6 MA–tiempo presente)

Neógeno (23–2,6 MA)

Paleógeno (63–23 MA)

Era Mesozoica

Cretácico (145–66 MYA)
- Superior
- Inferior

Jurásico (201–145 MA)
- Superior
- Medio
- Inferior

Triásico (252–201 MA)
- Superior
- Medio
- Inferior

Era Paleozoica

Pérmico (299–252 MA)

Carbonífero (359–299 MA)

Devónico (419–359 MA)

Silúrico (444–419 MA)

Ordovícico (485–444 MA)

Cámbrico (541–485 MA)

Precámbrico (4 600–541 MA)

¿Qué es la evolución?

... en 30 segundos

La evolución tarda mucho, mucho tiempo. Descendemos de los peces, ¡pero no es que un pez se despertara una mañana y se pusiera a andar por tierra firme y se sirviera una bebida caliente! Tan solo la evolución humana ha tardado cinco millones de años y se han precisado más de 3 000 millones de años para evolucionar desde la primera bacteria hasta nosotros.

Los peces necesitaron sacos aéreos para respirar en tierra, aletas musculadas para «andar» y miles de cambios más antes de que pudieran salir a tierra firme, y ya no digamos para desarrollar un pulgar y un índice para poder sostener una taza.

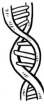

¿Pero cómo sucedieron estos cambios? A veces un ser vivo desarrolla una característica diferente de las de sus padres. Puede que un bebé dinosaurio nazca con una «pelusa» en su cuerpo, una modificación que a menudo se debe a un cambio genético. Algo del ADN del bebé -el ADN es un tipo de código que le dice al cuerpo cómo debe desarrollarse- permitió que le saliera pelusa.

Durante un invierno frío, la pelusa permitió que el dinosaurio guardara más el calor mientras sus hermanos y hermanas se morían de frío. Este dinosaurio con pelusa tuvo luego una gran descendencia de bebés con pelusa que sobrevivieron todos ellos a los inviernos más fríos. A lo largo del tiempo, estos dinosaurios se fueron adaptando para mantenerse más calientes teniendo primero pelusa y luego plumas. Estos dinosaurios habían evolucionado.

Resumen en 3 segundos

Los animales, las plantas y otros seres vivos van cambiando poco a poco a lo largo del tiempo.

Misión en 3 minutos Evolución convergente

Para sobrevivir, la mayoría de los seres vivos tiene que desarrollar defensas contra los depredadores. Aun cuando son completamente diferentes, algunos animales y plantas pueden acabar teniendo características extrañamente similares, algo que se llama evolución convergente, o convergencia evolutiva. Adivina este ejemplo: «He desarrollado espinas para defenderme de seres que quieren comerme. ¿Quién soy?». Comprueba las respuestas en la página 96.

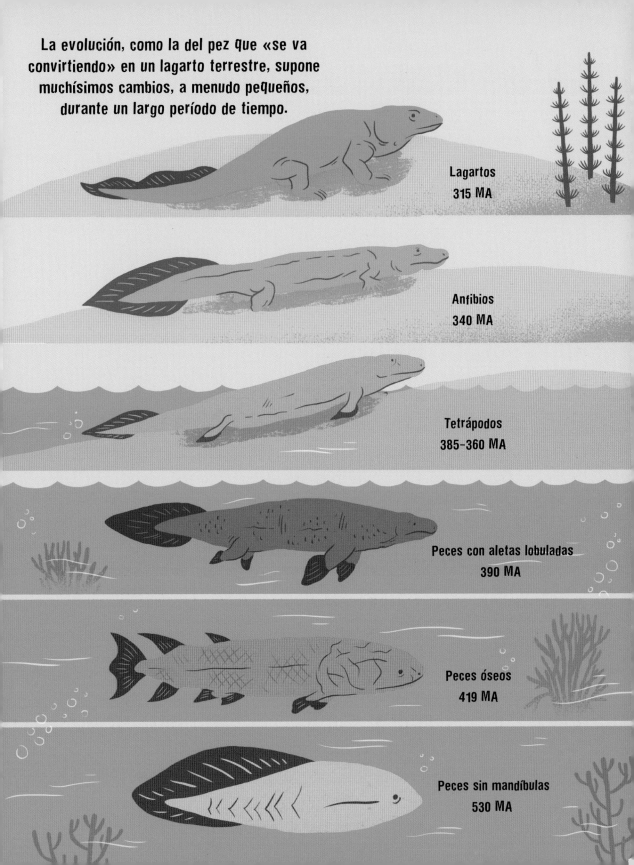

La evolución, como la del pez que «se va convirtiendo» en un lagarto terrestre, supone muchísimos cambios, a menudo pequeños, durante un largo período de tiempo.

Lagartos
315 MA

Anfibios
340 MA

Tetrápodos
385–360 MA

Peces con aletas lobuladas
390 MA

Peces óseos
419 MA

Peces sin mandíbulas
530 MA

Los primeros seres vivos

... en 30 segundos

Hace unos 4 600 millones de años la Tierra era una roca ardiente y el aire era demasiado tóxico para la vida, pero cuando nuestro planeta se enfrió, formó dos cosas esenciales para la vida: oxígeno y agua.

Los primeros seres vivos fueron bacterias, que crecían en mares poco profundos. Mucho tiempo después se desarrollaron las esponjas, las medusas y otros animales simples, y más tarde, los trilobites de cuerpo duro y los nautiloides. Hicieron falta miles de millones de años, pero hacia el período Devónico (419-359 MA), los mares y lagos de la Tierra estaban llenos de peces, tales como tiburones y anguilas; incluso había arrecifes de coral.

Las plantas, que al principio no medían más de unos pocos centímetros de altura, brotaron a lo largo de las orillas y fueron cada vez más numerosas. Esto es probablemente lo que atrajo a los artrópodos primitivos, lejanos ancestros de las arañas y los insectos, a tierra firme. Estos bichos con aspecto de milpiés fueron los primeros animales terrestres.

Los mares siguieron llenándose de todo tipo de animales, desde escorpiones gigantes hasta peces acorazados. Pero hace unos 390 MA, un tipo especial de pez salió a tierra firme. Utilizando sus aletas musculosas para «reptar» sobre el suelo, los peces de aletas lobuladas debían salir de los pantanosos mares del interior durante breves períodos de tiempo. Los dinosaurios (¡y también tú y yo!) descendemos de estos primeros tetrápodos o animales de cuatro extremidades.

Resumen en 3 segundos

La vida empezó dentro del agua y se extendió sobre la tierra firme.

¿Por qué se aventuraron los peces en la tierra firme?

Algunos científicos creen que los peces salieron a tierra para encontrar nuevos cuerpos de agua mientras los antiguos se desecaban. Otros consideran que los peces se adaptaron a las mareas que a veces los dejaban en tierra. Otra idea es que las «extremidades» de estos peces pudieron ayudarles a huir de los depredadores o incluso a cazar en aguas poco profundas llenas de raíces y troncos.

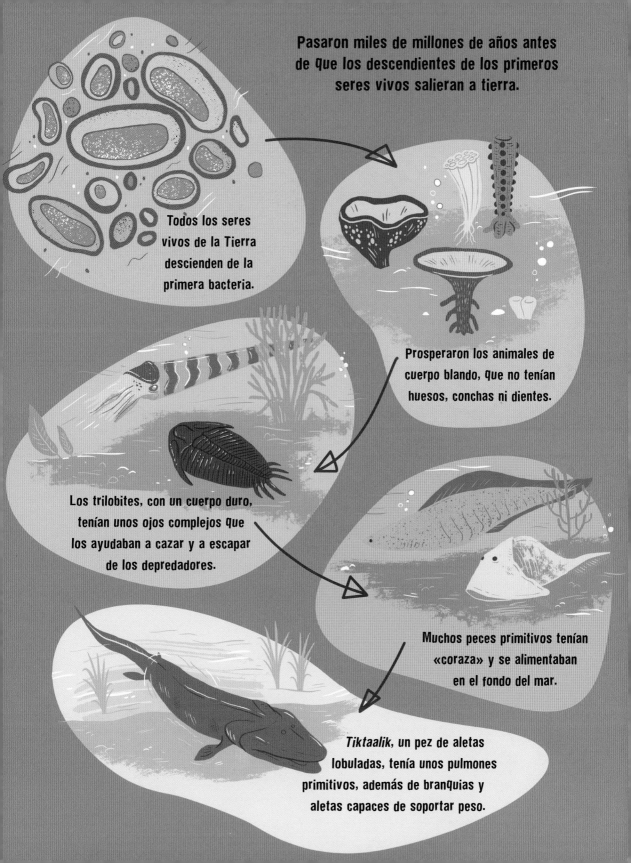

Pasaron miles de millones de años antes de que los descendientes de los primeros seres vivos salieran a tierra.

Todos los seres vivos de la Tierra descienden de la primera bacteria.

Prosperaron los animales de cuerpo blando, que no tenían huesos, conchas ni dientes.

Los trilobites, con un cuerpo duro, tenían unos ojos complejos que los ayudaban a cazar y a escapar de los depredadores.

Muchos peces primitivos tenían «coraza» y se alimentaban en el fondo del mar.

Tiktaalik, un pez de aletas lobuladas, tenía unos pulmones primitivos, además de branquias y aletas capaces de soportar peso.

El paso a tierra firme
... en 30 segundos

Durante el período Carbonífero (359-299 MA), los mares cálidos y poco profundos estaban llenos de vida y los continentes empezaron a juntarse para formar el supercontinente Pangea.

Extensas zonas pantanosas y bosques con árboles tan altos como rascacielos liberaban cantidades de oxígeno al aire cálido y húmedo. Los insectos prosperaban en este medio rico en oxígeno y se hicieron enormes. Había insectos tan grandes como gaviotas y milpiés casi tan largos como un automóvil.

Los peces óseos que se aventuraron en tierra firme hace unos 390 MA también se estaban adaptando. Estos primeros tetrápodos tenían la cola larga, escamas como de pez y extremidades muy extendidas a los lados. Comían insectos y peces, y algunos llegaron a ser dos veces mayores que el dragón de Komodo, el mayor lagarto actual. Pasaban más tiempo en tierra, pero como todos los anfibios, todavía necesitaban el agua para sobrevivir y que eclosionaran sus huevos.

A lo largo del tiempo, los tetrápodos desarrollaron pulmones para respirar aire y una piel que no se secaba cuando el animal estaba lejos del agua. Los huevos adquirieron una cáscara permeable y más o menos dura, y pudieron eclosionar en tierra. Fueron estos huevos los que les permitieron vivir por completo en tierra firme. Estos fueron algunos de los ancestros más antiguos de los dinosaurios.

Resumen en 3 segundos

Los primeros animales anfibios evolucionaron hacia otros que pudieron vivir siempre en tierra.

¡Gigante!

Meganeura era un enorme insecto emparentado con las libélulas, con una envergadura de hasta 1 m. Comía otros insectos y también anfibios. ¿Por qué era tan grande? Los científicos creen que el tamaño gigantesco de algunos animales del Carbonífero se debía a que el aire de entonces tenía tres veces más oxígeno que el de hoy. El oxígeno permite que los tejidos crezcan, así que cuanto más oxígeno puede respirar un animal, mayor tamaño adquiere.

En el período Carbonífero, se desarrollaron en tierra los insectos gigantes y los primeros tetrápodos.

Los continentes de la Tierra, 360 MA.

Meganeura era tan grande como una gaviota.

El anfibio *Hylonomus* podía poner sus huevos en tierra.

Los árboles se volvieron tan altos como el Big Ben de Londres o la Estatua de la Libertad de Nueva York.

Muchos animales, como este *Diplocaulus*, todavía ponían sus huevos en el mar.

Arthropleura solo comía plantas.

Acanthostega tenía aletas que eran como patas, pero no salía o apenas salía del mar.

Los primeros reptiles

... en 30 segundos

A finales del período Carbonífero, los continentes empezaron a fusionarse en el supercontinente Pangea. El clima se enfrió y se volvió más seco. Las extensas selvas lluviosas del mundo fueron desapareciendo mientras «islas» de resistentes coníferas y cícadas rodeadas de grandes zonas desérticas las iban reemplazando. Muchos anfibios no pudieron adaptarse a estos cambios y desaparecieron.

Por el contrario, los animales que ponían sus huevos en tierra se adaptaron bien a este mundo más seco durante el período Pérmico (299-252 MA). Acabaron transformándose en reptiles y desarrollaron una piel más dura y menos permeable que no podía desecarse. Al igual que los cocodrilos y las lagartijas de hoy utilizaban el calor del sol para calentar su cuerpo.

Un grupo particular de reptiles llamados terápsidos adquirió gran protagonismo. Estos animales, similares a mamíferos, con las patas dispuestas debajo del cuerpo, tenían dos orificios adicionales en su cráneo que aligeraban su cabeza y la hacían más móvil. *Gorgonops* tenía grandes colmillos para cazar mientras que *Moschops*, que era tan grande como un tigre de Siberia, utilizaba sus fuertes mandíbulas para masticar la vegetación dura. El pequeño *Diictodon* se refugiaba bajo tierra, muy a la manera de una rata de abazones actual. Estas nuevas características ayudaron a los terápsidos a sobrevivir en el mundo más inhóspito del Pérmico, y ciertamente resultaron muy útiles para varios de sus descendientes mamíferos.

Resumen en 3 segundos

En el período Pérmico abundaron los reptiles grandes similares a mamíferos.

Falsos dinosaurios

Dimetrodon, con una pequeña vela en el dorso, se confunde a veces con un dinosaurio, pero se extinguió unos 40 millones de años antes que los primeros dinosaurios. Aunque parecía un cruce entre un gran lagarto y un dinosaurio, estaba más estrechamente emparentado con los mamíferos que con los reptiles modernos. Otra serie de impostores, un grupo de «pre-arcosaurios», parecían cocodrilos, pero andaban sobre dos patas. No estaban muy alejados de ellos, ya que fueron los antiguos ancestros de los dinosaurios y los cocodrilos, pero ¡no os dejéis engañar!

Cuando el supercontinente Pangea empezó a formarse, los reptiles tipo mamífero se volvieron dominantes.

Había muy poca o nada de lluvia en el centro de Pangea, que se convirtió en un enorme desierto.

Pangea hace 299 MA

Las coníferas y cícadas empezaron a desarrollarse durante el período Pérmico.

Moschops pasaba probablemente mucho tiempo comiendo plantas para conseguir los nutrientes suficientes.

El pequeño *Diictodon* vivía en madrigueras, donde sus huevos quedaban protegidos.

Gorgonops, con su aspecto de lobo, era un gran cazador, gracias, en parte, a sus dos colmillos de 12 cm de longitud.

La extinción del período Pérmico
... en 30 segundos

En el período Pérmico, nuestro planeta ya había recorrido un largo camino desde sus inicios sin vida. La vida era abundante, pero hacia 252 MA, unas masivas erupciones volcánicas arrojaron gases y cenizas que calentaron y, a continuación, enfriaron bruscamente la Tierra.

En la extinción masiva del Pérmico-Triásico –así se la conoce–, casi todos los seres vivos marinos y el 70% de los animales terrestres desaparecieron. Se extinguieron; especies enteras fueron aniquiladas para siempre de la Tierra. Pangea albergaba entonces casi toda la tierra firme de nuestro planeta y estaba rodeada de un océano, Panthalassa. Un desierto cubría el centro cálido y seco del continente; los veranos eran abrasadores, y los inviernos helados.

La vida tardó millones de años en recuperarse. Los supervivientes, como el terápsido *Lystrosaurus,* vivían cerca de las costas de clima más suave, donde plantas como helechos, musgos, colas de caballo y ginkgos les proporcionaban sustento.

Los «prearcosaurios», similares a cocodrilos, que estaban adaptados a los climas cálidos y secos, empezaron a ser dominantes. *Euparkeria,* que fue uno de los primeros, vivía en lo que hoy es África del Sur. Sus grandes ojos indican que debió vivir con poca luz o que cazaba de noche y puede que pasara parte de su tiempo sobre dos patas, usando la cola para equilibrarse.

Resumen en 3 segundos

La extinción masiva acabó con muchas especies de nuestro planeta, pero empezaron a prosperar nuevos grupos de reptiles.

Misión en 3 minutos ¡Volcán en erupción!

Construye tu propio volcán humeante. ¡Peligro! Se requiere la supervisión de un adulto, así como guantes y gafas.
Necesitas: • 2 cucharadas de bicarbonato sódico • una botella de vidrio de cuello estrecho • 4 cucharadas de vinagre • un globo • **un adulto que ayude**
1 Pon el bicarbonato sódico en la botella.
2 Vierte el vinagre en la botella y después ajusta bien un globo en el cuello.
3 El vinagre y el bicarbonato reaccionan y liberan burbujas de dióxido de carbono que inflan el globo.

Antes de la extinción masiva del Pérmico-Triásico...

Los volcanes empezaron a entrar en erupción, pero el clima no cambió.

La vida abundaba en la tierra, en el aire y en los mares.

Los terápsidos, como *Moschops* y *Gorgonops*, eran especialmente abundantes.

El clima era seco en el interior pero en las áreas costeras abundaba la vida.

Después...

Las erupciones volcánicas y el clima cambiante acabaron con la mayoría de los animales terrestres.

Los «pre-arcosaurios» como *Euparkeria* prosperaron en el clima más seco.

Lystrosaurus fue uno de los pocos terápsidos supervivientes.

Llegan los dinosaurios

Hace unos 225 MA, los pequeños dinosaurios dieron sus primeros pasos sobre la Tierra. No eran muchos y no tenían nada de las enormes bestias en las que pensamos hoy. Algunos se volvieron herbívoros, y otros, cazadores, y comían carne. Algunos andaban a cuatro patas y otros a dos. A finales del período Triásico ya se habían convertido en los animales más grandes y más dominantes de las tierras firmes.

Glosario

ancestro Animal (o grupo de animales) de cuyo pasado desciende un animal (o un grupo de animales) actual; así, por ejemplo, una abuela es el ancestro de su nieta.

aviar Se dice de algo que está relacionado con las aves.

bípedo Se dice de un animal que anda con dos patas.

carroñero (o necrófago) Se dice de un animal que se alimenta de animales muertos o en putrefacción.

cola de caballo Planta primitiva con un tallo, hojas muy estrechas y conos.

coníferas Grupo bastante primitivo de árboles o arbustos, como el pino o el ciprés, con hojas como agujas y frutos en cono.

coraza Cubierta dura que protege el cuerpo de ciertos animales.

descendiente Ser vivo que proviene de un ancestro: una hija es descendiente de sus padres.

dromeosáuridos Grupo de tetrápodos que tenían largas garras y corrían rápidamente sobre dos patas.

Edad Media Período de la historia europea comprendido entre 500 y 1500 d. C.

especie Grupo de animales, plantas, hongos u otros tipos de seres vivos que son similares y que pueden tener descendencia fértil.

espinosaurio Tipo de terópodo que tenía una hilera de «espinas» a lo largo de su columna vertebral.

extinción Desaparición total de una especie.

fósil Restos de un animal, planta u otro ser vivo que se han transformado en roca.

género Grupo de especies, generalmente parecidas, que comparten varias características (más que los otros géneros de la misma familia). Por lo general, cada familia comprende varios géneros y cada uno de ellos comprende varias especies. Así, por ejemplo, la familia Félidos comprende los géneros *Felis* (gatos), *Lynx* (linces), *Panthera* (grandes félidos), etc., y el género *Panthera* las especies *Panthera leo* (león), *Panthera tigris* (tigre), *Panthera pardus* (leopardo o pantera), etc.

helecho Planta antigua con frondas (especie de hojas) plumosas y esporas en lugar de flores.

MA Abreviatura de «hace millones de años» (o de «millones de años» en algunos casos).

medieval Propio de la Edad Media.

omnívoro Se dice de un animal que come plantas y animales.

paleontólogo Científico que estudia los fósiles y la historia de la vida.

Pangea Antiguo supercontinente que comprendía todos los continentes actuales de la Tierra antes de su separación hace 200 MA.

presa Animal que es o puede ser cazado por otro animal.

pterosaurio Reptil volador de la era de los dinosaurios.

vegetación Conjunto de las plantas propias de un lugar o de una región.

venenoso Se dice de los animales que inyectan veneno mediante un aguijón (como las avispas) o mordiendo (como las víboras), así como de los que contienen veneno dentro de su cuerpo.

Los primeros dinosaurios

Después de la extinción masiva del Pérmico-Triásico hicieron falta muchos millones de años para que las plantas y los animales se recuperasen durante el período Triásico. Pero finalmente la vida regresó con fuerza a las zonas costeras. Mientras prosperaban grandes árboles como las coníferas y las cícadas, así como colas de caballo y helechos, los insectos y los pequeños ancestros de los mamíferos vivían junto con los reptiles. Entre ellos figuraban los «primos hermanos» de los dinosaurios, los alados pterosaurios que surcaban los aires. Los peces del mar empezaron a ser numerosos y algunos reptiles incluso «regresaron» al agua.

El Triásico es el principio de un período de tiempo que a menudo se denomina «era de los dinosaurios», pero esto no sucedió de la noche a la mañana. Tuvieron que pasar millones de años para que los dinosaurios se convirtieran en los animales más numerosos y extendidos de la tierra firme.

Pero ¿cómo era el primer dinosaurio? Los científicos no están de acuerdo, pero tienen algunas buenas ideas. Sabían que tres tipos de dinosaurios –los terópodos, los sauropodomorfos y los ornitisquios– fueron los primeros que aparecieron en un mundo dominado por otros reptiles mucho más grandes. Estos primeros dinosaurios fueron muy exitosos, y cuando Pangea empezó a escindirse al final del Triásico, los dinosaurios fueron los principales reptiles que sobrevivieron.

Resumen en 3 segundos

Al principio, los dinosaurios eran tan solo una pequeña parte del mundo del Triásico.

Junto a los dinosaurios

Puede que los dinosaurios dominaran la tierra firme durante el período Triásico, pero en otros lugares también abundaba la vida. Los ictiosaurios eran un grupo de reptiles marinos que habían seguido el camino inverso a los primeros anfibios. Parecían peces o delfines, respiraban aire y parían crías vivas. Uno de sus géneros, *Shonisaurus*, alcanzaba 15 m de longitud. Los pterosaurios, un subgrupo de los arcosaurios, empezaron a emprender el vuelo. Estos reptiles voladores, que a menudo se confunden con los dinosaurios, eran al principio pequeños: uno de ellos tenía el tamaño de un colibrí y otro el de un cuervo.

Los terópodos, los sauropodomorfos
y los ornitisquios fueron
los primeros tipos de dinosaurios
que aparecieron.

Saturnalia, posiblemente
el primer sauropodomorfo,
vivió en lo que hoy es
el sur de Brasil.

Los primeros mamíferos aparecieron
durante el Triásico y tenían cierto
aspecto de ratones.

Eoraptor, un terópodo, comía posiblemente tanto
carne como plantas y andaba a dos patas.

Pisanosaurus, uno de
los primeros ornitisquios,
no apareció hasta el
Triásico superior.

Saturnalia   *Eoraptor*   *Pisanosaurus*

Tipos de dinosaurios
... en 30 segundos

Para comprender mejor los miles de tipos diferentes de dinosaurios, los científicos los han clasificado dentro de varios subgrupos o subdivisiones del grupo general de los dinosaurios.

Los saurisquios tienen «cadera de saurio», es decir, su pelvis apunta hacia abajo y hacia delante, como en los lagartos. Los ornitisquios tienen «cadera de ave»: dos de sus tres huesos de la cadera apuntan hacia atrás y están muy juntos como en las aves. Los dinosaurios cornudos como *Triceratops* y los dinosaurios acorazados como *Stegosaurus* y *Ankylosaurus* son ornitisquios. Los miembros de este grupo tenían pico y solo comían plantas; algunos andaban a cuatro patas y otros a dos.

Los saurisquios se dividen en dos: los sauropodomorfos, que eran grandes, comían plantas y andaban a cuatro patas, como *Diplodocus* y *Brachiosaurus*, y los terópodos, que comían carne y andaban a dos patas, como los dromeosáuridos y los espinosáuridos. Los terópodos, a su vez, comprendían varios subgrupos, pero la mayoría eran tetanuros, que tenían la cola rígida y entre los que figuran *Tyrannosaurus rex* y *Velociraptor*.

Una serie especial de saurisquios tetanuros son los dinosaurios aviares, ¡más conocidos como... aves! Pese a la forma de su cadera, son los descendientes directos de los dinosaurios terópodos.

Resumen en 3 segundos

Los distintos tipos de dinosaurios se han clasificado en grupos que comparten varias características.

¡Nombre erróneo!

Los dinosaurios no son lagartos. Los lagartos andan y corren con las patas extendidas hacia los lados, mientras que los dinosaurios tienen las patas dispuestas verticalmente debajo del cuerpo, lo que permite soportar un mayor peso y correr más rápido durante más tiempo. Los dinosaurios tenían orificios a cada lado del cráneo, quizá para sostener los músculos de sus mandíbulas. Ponían huevos de cáscara dura, vivían en tierra firme y tenían una piel gruesa y correosa.

A lo largo del tiempo se desarrollaron
dos grupos distintos de dinosaurios.
Estos se dividieron a su vez para crear
muchos tipos diferentes
de dinosaurios.

Los primeros carnívoros
... en 30 segundos

Entre los primeros dinosaurios figuran los terópodos, que aparecieron en el Triásico superior (hace unos 230 MA), pero no eran las enormes bestias en que pensamos hoy. A menudo medían menos de 2 m de longitud y representaban una porción diminuta de los muchos reptiles de la Tierra.

Los terópodos eran carnívoros: comían única o principalmente carne. Sus dedos fuertes y con garras, sus afilados dientes y su capacidad de correr deprisa a dos patas (eran bípedos) les permitían, sin duda, cazar y comer carroña para sobrevivir.

Un terópodo, *Coelophysis*, era ideal para esto. Con apenas 3 m de longitud, tenía una visión y un oído agudos y un gran cerebro. Sus huesos huecos y ligeros le permitían saltar y correr con rapidez a dos patas y capturar presas. Pero *Eoraptor*, su pariente más antiguo, a juzgar por sus diferentes series de dientes, puede que fuera omnívoro, es decir, que comiese tanto carne como plantas.

Estos primeros terópodos transmitieron estas características ideales para la caza, que se desarrollaron todavía más en sus mucho mayores y más temibles descendientes, como *Tyranosaurus rex*.

Resumen en 3 segundos

Los primeros dinosaurios eran cazadores pequeños con garras o carroñeros.

Misión en 3 minutos Huesos huecos

¿Qué conjunto de «huesos» puede soportar más peso?
Necesitas: • hojas de papel DIN A4 • 2 platos de papel • tacos de madera o grandes piedras • cinta adhesiva
1 Toma cuatro trozos de papel, enróllalos en cilindros separados y sujétalos con cinta adhesiva. Pon un plato de papel encima de cada uno de los cuatro cilindros.
2 Enrolla cuatro trozos más de papel de forma que no quede ninguna sección hueca o ninguna en el cilindro. Pon un plato de papel encima.
3 Coloca un taco sobre cada plato y añade uno hasta que los cilindros se alabeen o se derrumben. ¿Qué «huesos» se derrumban antes?

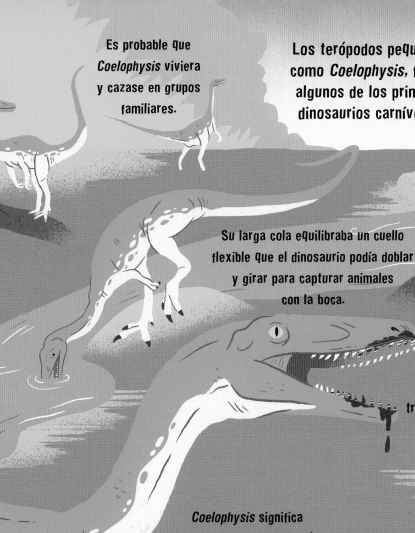

Es probable que *Coelophysis* viviera y cazase en grupos familiares.

Los terópodos pequeños, como *Coelophysis*, fueron algunos de los primeros dinosaurios carnívoros.

Su larga cola equilibraba un cuello flexible que el dinosaurio podía doblar y girar para capturar animales con la boca.

Sus 80 dientes afilados podían trocear fácilmente su almuerzo.

Coelophysis significa «forma hueca», en alusión a sus huesos huecos y ligeros que le permitían saltar y correr con rapidez.

Tenía los brazos cortos y las patas más largas.

Sus dedos con garras debían servirle para agarrar a sus presas.

Los primeros herbívoros

... en 30 segundos

Ser más pequeños fue útil para los primeros terópodos, pero ser grandes resultó perfecto para los primeros dinosaurios que comían plantas. Se llaman sauropodomorfos y algunos de ellos andaban a cuatro patas y otros a dos. Su mayor tamaño los protegía de los más pequeños carnívoros. Los sauropodomorfos tenían que comer muchísimo para poder sobrevivir con la vegetación que comían.

Para conseguir alimentos como agujas de pino, los sauropodomorfos usaban su largo cuello para llegar hasta las ramas. Sus dientes especialmente adaptados podían arrancar la materia vegetal de las cícadas y las coníferas que eran su principal fuente de alimentación.

Plateosaurus alcanzaba 10 m de longitud. En Suabia (Alemania) se encontraron más de 50 esqueletos suyos, lo que sugiere que debió ser muy común allí y que vivía en pequeñas manadas. El sobrenombre de *Plateosaurus* es «lindworm de Suabia». Los lindworms eran dragones sin alas y venenosos de los cuentos medievales de Europa central y Escandinavia.

Cuando los paleontólogos estudiaron por primera vez los fósiles de *Plateosaurus* creyeron que andaban a cuatro patas. Luego se dieron cuenta de que las palmas de sus «manos» no podían apoyarse planas en el suelo, por lo que el animal debía andar a dos patas. Su cola gruesa y pesada debía proporcionarle el muy necesario equilibrio para ello.

Resumen en 3 segundos

Los grandes dinosaurios que comían plantas aparecieron en el Triásico superior.

Misión en 3 minutos Rastríllalo

Para poder despojar las ramas de los árboles y comer la dura materia vegetal que necesitaban, algunos sauropodomorfos «atrapaban» rígidas hojas de cícadas y agujas de pino en los espacios comprendidos entre sus dientes. Intenta hacerlo con un rastrillo de jardín. Rastrilla la hierba (o las hojas si es otoño) y verás cómo queda atrapada entre los «dientes» del rastrillo. Si no tienes jardín, utiliza un peine y pásalo por una cabellera de pelo largo, ¡pero no te lo comas!

Los dinosaurios de mayor tamaño como *Plateosaurus* fueron algunos de los primeros en comer plantas.

Su cabeza era pequeña, con el cuello largo y dientes que podían triturar plantas.

Plateosaurus andaba sobre todo a dos patas, equilibrándose con su cola grande y pesada.

Con sus garras podía asir ramas y estirarlas hacia su boca.

Puede que usara estas garras para defenderse.

Los cinco dedos de cada pie proporcionaban un mejor equilibrio a *Plateosaurus*.

Período Jurásico

A principios del Jurásico (hace 201 MA), el supercontinente Pangea se había dividido en dos partes, que seguían separándose. Nuestro planeta se volvía más cálido y húmedo, con mares poco profundos y una vida vegetal exuberante. Era un mundo lleno de dinosaurios, de todas las formas y tamaños, desde herbívoros de cuello largo que pesaban seis veces más que un elefante hasta otros que tenían hileras de púas en la espalda. Los herbívoros se convirtieron en las presas perfectas para los rápidos, grandes y carnívoros terópodos.

Período Jurásico
Glosario

adaptarse Dicho de un ser vivo, acomodarse a las condiciones del medio ambiente y a sus cambios.

Antártida Continente que rodea el Polo Sur.

ápice Extremo superior de algo.

carnívoro Se dice del animal que se alimenta de otros animales.

clima Conjunto de las condiciones atmosféricas (temperatura, humedad, lluvias, vientos, etc.) que caracterizan una zona o región.

continente Cada una de las siete grandes extensiones de tierra del planeta separadas por océanos: África, Asia, Australia, Europa, la **Antártida**, Norteamérica y Sudamérica.

coraza Cubierta dura que protege el cuerpo de ciertos animales.

depredador Se dice de un animal que caza a otros animales para alimentarse y subsistir.

escudo óseo *Véase* placa.

especie Grupo de animales, plantas, hongos u otros tipos de seres vivos que son similares y que pueden tener descendencia fértil.

evolucionar Desarrollarse gradualmente, pasando de un estado a otro.

extinción Desaparición total de una especie.

fósil Restos de un animal, planta u otro ser vivo que se han transformado en roca.

gastrolito Piedra que un animal traga para que le ayude a triturar sus alimentos. Se encuentran gastrolitos en los **saurópodos**.

herbívoro Se dice del animal que come única o principalmente plantas.

hongo Ser vivo que carece de clorofila, hojas y raíces, que se reproduce por esporas y que se alimenta de materia orgánica en descomposición o vive parásito o en simbiosis. Son hongos las setas, las levaduras, los mohos y los microbios que causan el pie de atleta.

MA Abreviatura de «hace millones de años» (o de «millones de años» en algunos casos).

mamíferos Grupo de animales vertebrados que respiran aire y tienen pelos y cuyas hembras producen leche para alimentar a sus crías.

manirraptores Grupo de **terópodos** avanzados que comprende las aves y los dinosaurios no aviares más estrechamente emparentados con ellas.

ornitisquios Grupo de dinosaurios herbívoros que tenían una cadera similar a la de las aves.

Pangea Antiguo supercontinente que comprendía todos los continentes actuales de la Tierra antes de su separación hace 200 MA.

placa Escama grande, gruesa y córnea u ósea que poseen muchos reptiles.

sacos aéreos Órganos que poseen las aves y otros pocos animales –y que también tenían los dinosaurios–, que se llenan y vacían de aire con cada inspiración y espiración.

saurópodos Grupo de dinosaurios herbívoros gigantes con el cuello largo y la cabeza pequeña.

tendón Grueso «cordel» de tejido fibroso que une los músculos de un animal con sus huesos.

terópodos Grupo de dinosaurios saurisquios («con cadera de lagarto») que engloba a todos los dinosaurios carnívoros y sus descendientes las aves. Los terópodos de la era de los dinosaurios tenían los brazos cortos (excepto los más aviares) y corrían a dos patas.

vaso sanguíneo Conducto por el que circula la sangre.

vegetación Conjunto de las plantas propias de un lugar o de una región.

El mundo del Jurásico

... en 30 segundos

A principios del período Jurásico (201 MA), Pangea ya se había dividido en dos: Laurasia, en el norte, y otro continente, llamado Gondwana en el sur, junto con miles de islas separadas por océanos profundos o por mares de escasa profundidad. En este clima cálido y húmedo, lo que antes habían sido zonas muy secas del interior ahora podían albergar plantas.

Muchos insectos, animales pequeños tipo mamífero y reptiles habían desaparecido en la extinción masiva del final del Triásico, dejando vía libre a los dinosaurios para que se hicieran con el domino de las tierras. Entre ellos había un gran número de saurópodos gigantes como *Vulcanodon* y *Diplodocus*, además de ornitisquios como *Stegosaurus*.

Estos dinosaurios se convertían en presas de poderosos terópodos, como *Dilophosaurus*, *Megalosaurus* y *Allosaurus*. Para defenderse de sus ataques, muchos herbívoros desarrollaron en el cuerpo una coraza, cuernos y púas.

Como los continentes continuaron separándose, los dinosaurios ya no pudieron desplazarse con tanta facilidad de un lado a otro y los grupos empezaron a evolucionar cada uno por su lado. Así, por ejemplo, aunque los saurópodos *Giraffatitan* y *Brachiosaurus* estaban emparentados, el primero vivió en África y los restos del segundo solo se han encontrado en Norteamérica.

Resumen en 3 segundos

Los dinosaurios evolucionaron por separado en cada uno de los continentes recién formados.

Continentes a la deriva

Las masas terrestres de Gondwana y Laurasia se dividieron, a su vez, en los continentes que conocemos hoy. Sin embargo, Australia y la Antártida permanecieron unidos durante más tiempo y solo empezaron a separarse hace 45 millones de años. Al enfriarse el clima de la Tierra, la Antártida empezó a congelarse, al tiempo que Australia derivaba hacia el norte. Incluso hoy en día, el continente australiano se desplaza hacia el norte unos 13 cm al año.

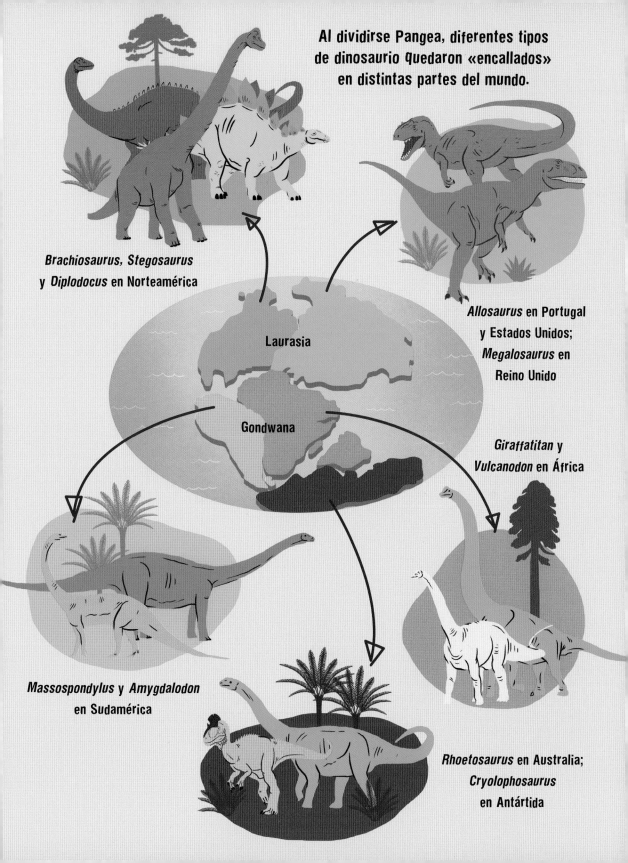

Al dividirse Pangea, diferentes tipos de dinosaurio quedaron «encallados» en distintas partes del mundo.

Brachiosaurus, Stegosaurus y *Diplodocus* en Norteamérica

Allosaurus en Portugal y Estados Unidos; *Megalosaurus* en Reino Unido

Laurasia

Gondwana

Giraffatitan y *Vulcanodon* en África

Massospondylus y *Amygdalodon* en Sudamérica

Rhoetosaurus en Australia; *Cryolophosaurus* en Antártida

Herbívoros gigantes
... en 30 segundos

Los saurópodos de cuello y cola largos andaban con sus cuatro patas y fueron algunos de los dinosaurios más abundantes del Jurásico. Una vez se desarrollaban, eran unas diez veces más grandes que el mayor carnívoro de su época.

En Norteamérica, *Brachiosaurus* y *Diplodocus* fueron especialmente exitosos. Debían moverse lentamente y vivían en grupos para protegerse, y es posible que se mezclaran unos con otros. *Brachiosaurus* ramoneaba en las copas de los árboles, arrancando las duras agujas de pino, mientras que *Diplodocus* bajaba su largo cuello para llegar hasta la vegetación más baja y rastrillar los helechos con sus dientes como lápices. Ni uno ni otro masticaban los alimentos antes de tragarlos, ¡lo que les dejaba tiempo para realizar la importante tarea de comer más!

Diplodocus medía unos 33 m y era tan largo como una cancha de tenis. *Brachiosaurus* era un poco más pequeño, pero con sus 50 toneladas, pesaba tres veces más. Se debía a que la columna vertebral de *Diplodocus* contenía sacos aéreos que hacían que fuera más ligero y capaz de mantener el cuello recto. *Brachiosaurus* también tenía características especiales. Es probable que los grandes orificios nasales situados en lo alto de su cabeza dejaran entrar aire dentro de su cráneo, lo que refrescaba su cerebro en el cálido clima de entonces.

Resumen en 3 segundos

Los saurópodos estaban perfectamente adaptados a las condiciones del Jurásico y se volvieron comunes.

Misión en 3 minutos **Ayuda para el estómago**

Algunos saurópodos tragaban pequeñas piedras llamadas gastrolitos para ayudarles a digerir la comida dura y frondosa.
Necesitas: • unos cuantos guijarros pequeños y redondos • un contenedor de plástico con tapa • agua • 2 hojas de lechuga
1 Pon los guijarros en el contenedor.
2 Añade agua y las dos hojas de lechuga, y cierra bien con la tapa.
3 Agita durante un par de minutos para imitar el movimiento que se creaba dentro del estómago del animal mientras este andaba.
4 Abre el contenedor para ver cómo se han triturado las hojas de lechuga.

Los grandes herbívoros como *Diplodocus* y *Brachiosaurus* también prosperaron durante el Jurásico.

Los saurópodos tenían un cerebro minúsculo para su tamaño: más o menos como un puño humano.

Con su cuello extendido y sus patas anteriores inusualmente largas, *Brachiosaurus* podía llegar hasta las copas de los árboles para alimentarse.

Diplodocus solo tenía dientes en la parte anterior de la boca y le servían para arrastrar las hojas de las plantas de bajo porte.

Diplodocus tenía una cola extremadamente flexible que era dos veces más larga que su cuerpo.

Con su enorme estómago, los saurópodos no podían andar a dos patas sin caerse.

Brachiosaurus

Diplodocus

Carnívoros veloces

... en 30 segundos

Las manadas de herbívoros saurópodos se convirtieron en el principal alimento de los terópodos. Los carnívoros del Jurásico desarrollaron características para capturar y devorar a estos animales: la cola rígida mejoraba su equilibrio, y las patas fuertes y el cuerpo más esbelto los convertían en buenos corredores.

Entre los primeros dinosaurios que se alimentaban de grandes saurópodos figuran *Cryolophosaurus* y *Monolophosaurus*. Alcanzaban 8 m de largo, más o menos la longitud de dos o tres tigres. También tenían una cresta en la cabeza, que debían utilizar para exhibirse o para producir sonidos con los que avisaban del peligro o atraían a otros miembros de su misma especie.

Cryolophosaurus tenía una cresta que recorría transversalmente su cráneo, lo que le ha valido el apodo de «Elvisaurus» en referencia al tupé que llevaba el cantante Elvis Presley. La cresta de *Monolophosaurus* llegaba hasta su hocico y estaba unida a unas cámaras de aire que debían potenciar sus llamadas.

Estas crestas «de exhibición» indican que los dinosaurios pudieron ser sociales y que quizá se desplazaran en grupos. De hecho, muchos esqueletos fósiles del crestado *Dilophosaurus* (un dinosaurio que figuraba, algo incorrectamente, en la novela y en la película de 1993 *Parque Jurásico*) se encontraron juntos.

Resumen en 3 segundos

Rápidos y poderosos, los terópodos empezaron a depredar a los numerosos saurópodos.

Misión en 3 minutos Qué dientes más grandes tienes...

Los dientes de los dinosaurios nos dicen qué comían: afilados para la carne, romos para las plantas. Usa un espejo para observar los tipos de dientes que hay en tu boca: incisivos, caninos y molares. Muerde una zanahoria con diferentes partes de tu boca y comprueba qué tipo de diente lo hace mejor. Los incisivos cortan bien, los caninos sujetan y rasgan y los molares trituran y muelen.

Los dinosaurios crestados como *Cryolophosaurus* figuran entre los primeros que cazaban dinosaurios herbívoros.

Las crestas debieron ser útiles para la identificación y para atraer a posibles parejas.

La cola de *Cryolophosaurus* se mantenía rígida con sus fuertes tendones.

Gracias a los fuertes músculos de sus muslos, *Cryolophosaurus* era un buen esprínter.

Con sus dientes superafilados, el dinosaurio podía cortar a través de la gruesa piel y de la carne.

Cada mano terminaba en cuatro dedos.

Depredadores gigantes

... en 30 segundos

Los carnívoros fueron cada vez más grandes y rápidos a medida que avanzaba el Jurásico. Algunos cazaban y otros comían carroña, pero todos eran una amenaza para cualquier animal vivo. Eran veloces y tenían tremendas garras que apuñalaban y cortaban, lo que desangraba gravemente a sus víctimas.

Aparte de sus dientes, las armas clave de estos dinosaurios eran las garras, que a menudo eran cuchillas curvadas como puñales. Eran de hueso duro y estaban cubiertas de una capa de queratina, el mismo material que las uñas de tus manos y pies. Muchos de estos carnívoros, como *Yangchuanosaurus,* también desarrollaron un buen sentido del olfato, lo que mejoraba su destreza en la caza.

Con unos 8,5 m de longitud, *Allosaurus* fue el mayor depredador del Jurásico tardío en Norteamérica. Es probable que atacara a presas más pequeñas, como *Stegosaurus,* cuando iba solo, pero es posible que formara manadas para cazar grandes saurópodos tales como *Diplodocus. Allosaurus* era un verdadero batallador: muchos de sus esqueletos fósiles muestran las heridas infligidas por víctimas que luchaban para defenderse.

Resumen en 3 segundos

En el Jurásico los carnívoros eran depredadores verdaderamente aterradores.

La cadena alimenticia

Los seres vivos necesitan alimento para sobrevivir, ya sea otros animales, otras plantas ¡o incluso mugre! La cadena alimenticia es la conexión entre quién come qué. En el Jurásico, las plantas usaban la energía solar para fabricar alimento, un insecto comía la planta, un dinosaurio pequeño capturaba al insecto y luego un dinosaurio más grande se comía al más pequeño. Este último estaba en el vértice de la cadena alimenticia, ya que no había nada que pudiera cazarlo. Una vez muerto, sin embargo, insectos, otros pequeños animales u hongos se alimentaban de su cadáver. Una vez podrido y parcialmente comido, este cadáver se convertía en... ¡mugre! El ciclo entero podía volver a empezar.

Las dos crestas que tenía encima de sus ojos debían servir para hacerle sombra y protegerle del sol.

Los carnívoros como *Allosaurus* depredaban grandes herbívoros.

Allosaurus tenía los ojos muy separados, casi en cada lado de la cabeza, lo que significa que su visión no debía ser muy buena.

Sus poderosas mandíbulas albergaban 70 afilados dientes.

Con sus tres garras afiladas y ganchudas agarraba a sus víctimas hasta que podía hincar los dientes en su garganta.

Allosaurus tenía tres dedos del pie principales y un cuarto dedo más pequeño en el lado interno de cada pie.

Defensa de los dinosaurios
... en 30 segundos

En el Jurásico, los dinosaurios ornitisquios desarrollaron nuevos medios para defenderse o para huir de los depredadores. Algunos tenían púas en la cola y placas o escudos óseos en el cuerpo, mientras que los dinosaurios más pequeños se habían vuelto veloces y se desplazaban rápidamente para comer plantas a las que los grandes herbívoros no podían llegar.

Scutellosaurus fue uno de los primeros dinosaurios que tenía este tipo de coraza. Tenía 300 placas óseas que cubrían su dorso y su cola. Si le capturaba un depredador, se agachaba y sus placas podían rechazar los golpes corporales, los dientes o las garras.

El mucho más pequeño *Othnielia* no tenía coraza, pero su arma especial era que podía correr muy rápidamente, con su cola rígida, que le ayudaba a equilibrarse. También podía comer plantas cerca del suelo, donde los saurópodos gigantes como *Brachiosaurus* no podían llegar.

Durante el Jurásico tardío, los dinosaurios acorazados de mayor tamaño, como *Stegosaurus,* eran comunes. Las manadas de estos dinosaurios de 9 m de longitud y 7 toneladas de peso vagaban por los terrenos arbolados y las llanuras en busca de hojas y brotes tiernos. Su tamaño, su doble hilera de 17 placas en el dorso y su letal cola armada con púas mantenían a raya a muchos depredadores.

Resumen en 3 segundos

Los ornitisquios corrían velozmente o estaban provistos de coraza y de púas, que les protegían de los depredadores.

¿Calentamos tus placas?

Muchos científicos creen que las placas óseas del dorso de los estegosáuridos como *Stegosaurus*, aparte de ahuyentar a los depredadores, también pudieron ayudarles a controlar su temperatura corporal. La piel que cubría las placas debía llevar vasos sanguíneos y la sangre que circulaba por ellos podía calentarse con el sol o refrescarse con una brisa. Puede que estas placas fueran de colores vivos o de dibujos contrastados y que también les ayudaran a encontrar pareja.

Los ornitisquios como *Stegosaurus* disponían de varios medios de defensa para protegerse de los depredadores.

Es posible que *Stegosaurus* usara sus finas placas para controlar su temperatura, además de para defenderse.

Viajar en manadas puede ofrecer una protección adicional contra los depredadores.

Stegosaurus

Stegosaurus podía balancear su pesada cola con cuatro púas y defenderse de sus atacantes como si usara una maza.

Su cerebro itenía el tamaño de una nuez!

Como todos los *ornitisquios*, tenía pico y unos abazones o bolsas en las mejillas adaptados para masticar y comer plantas.

Othnielia

Gracias a sus ligeras patas y a sus largos dedos y espinillas, *Othnielia* podía correr con gran rapidez.

Stegosaurus

Othnielia

Plumas y dientes

... en 30 segundos

Entre el Jurásico medio y el superior, varios dinosaurios terópodos empezaron a evolucionar de un modo sorprendente. Los fósiles que se han encontrado de esta época no solo muestran que algunos de ellos tenían plumas en diferentes partes de su cuerpo, sino que también estaban empezando a usar sus extremidades como alas para planear por el aire.

Archaeopteryx fue uno de estos primeros dinosaurios, y formaba parte del grupo de terópodos llamado manirraptores. Del tamaño aproximado de un cuervo grande, tenían rasgos de dinosaurio, como los dientes de sus mandíbulas, garras en sus manos y pies, y una cola larga y ósea, pero también tenían plumas y extremidades que parecían alas. Es posible que treparan a los árboles, desde donde se lanzaban y descendían planeando en busca de insectos voladores. Estos fósiles de dinosaurio han sido importantes para el debate sobre el origen de las aves y para saber cómo evolucionaron las especies de la Tierra.

Otros manirraptores tenían plumas, pero no se levantaban del suelo. *Anchiornis*, del tamaño aproximado de un pollo, es uno de los manirraptores más antiguos encontrados hasta el día de hoy, y es probable que corriera con sus dos largas patas. Sus bien preservados fósiles muestran que tenía unas alas blancas y negras, y una cabeza rojiza. Puede que sus plumas le sirvieran para mantener el calor del cuerpo o para hacer señas a otros miembros de su especie.

Resumen en 3 segundos

Algunos terópodos pequeños desarrollaron rasgos tipo ave, tales como plumas y alas.

Misión en 3 minutos ¡Emprende el vuelo!

Es probable que los dinosaurios como *Archaeopteryx* extendieran sus alas con plumas como si fueran planeadores. Arruga un trozo de papel y déjalo caer y, a continuación, mantén una hoja de papel bien alta y déjala caer. Mira cómo cae mucho más lentamente porque hay más aire que ejerce resistencia. La hoja está planeando.

Los terópodos como *Archaeopteryx* desarrollaron plumas y alas, y, sin embargo, conservaron muchas características de los dinosaurios no aviares.

Archaeopteryx significa «ala antigua».

Se cree que descendía planeando de los árboles para capturar insectos.

Las primeras plumas no eran lo bastante avanzadas como para permitir el vuelo.

Período Cretácico

En esta «edad de oro de los dinosaurios», vivieron feroces carnívoros como *Velociraptor* y *Tyrannosaurus rex*, así como dinosaurios herbívoros crestados o con pico de pato que cuidaban de sus crías y vivían en grupos. Los dinosaurios saurópodos fueron todavía mayores, el número de especies de mamíferos aumentó y aparecieron las primeras serpientes, abejas y plantas de flor. La vida marina prosperaba, pero a mucha profundidad, bajo tierra, había rumores y, al mismo tiempo, lejos, en el espacio, algo se dirigía a toda velocidad hacia la Tierra...

Período Cretácico
Glosario

acuático, a Que vive completa o casi completamente en el agua.

ancestro Animal (o grupo de animales) de cuyo pasado desciende un animal (o un grupo de animales) actual; así, por ejemplo, una abuela es el ancestro de su nieta.

asteroide Cada uno de los miles de objetos rocosos de diámetro inferior a 1 000 km que se mueven alrededor del Sol en nuestro sistema solar.

aviar (no) No emparentado ni relacionado con las aves.

bípedo Se dice de un animal que anda con dos patas.

bomba nuclear Artefacto explosivo que libera enormes cantidades de energía.

carroñero (o necrófago) Se dice de un animal que se alimenta de animales muertos o en putrefacción.

coníferas Grupo bastante primitivo de árboles o arbustos, como el pino o el ciprés, con hojas como agujas y frutos en cono.

continente Cada una de las siete grandes extensiones de tierra del planeta separadas por océanos: África, Asia, Australia, Europa, la Antártida, Norteamérica y Sudamérica.

coraza Cubierta dura que protege el cuerpo de ciertos animales.

depredador Se dice de un animal que caza a otros animales para alimentarse y subsistir.

descendiente Ser vivo que proviene de un ancestro: una hija es descendiente de sus padres.

empollar Incubar

especie Grupo de animales, plantas, hongos u otros tipos de seres vivos que son similares y que pueden tener descendencia fértil.

extinción Desaparición total de una especie.

fósil Restos de un animal, planta u otro ser vivo que se han transformado en roca.

glaciación Período de larga duración con un frío extremo en el que el hielo y la nieve cubrían grandes extensiones de la Tierra.

herbívoro Se dice del animal que come única o principalmente plantas.

huracán Tormenta tropical violenta con vientos muy fuertes que giran en grandes círculos; también viento de fuerza extraordinaria.

incubar Calentar los huevos, por lo general con el cuerpo y a menudo sentándose encima, para que nazcan las crías.

lava Roca fundida que sale de un volcán en erupción y forma arroyos encendidos.

llanura Terreno plano y extenso, a menudo con pocos árboles.

mamíferos Grupo de animales vertebrados que respiran aire y tienen pelos y cuyas hembras producen leche para alimentar a sus crías.

mamuts Grupo de animales de la misma familia que los elefantes que vivieron durante la última glaciación. Tenían largos colmillos y parecían elefantes con un pelaje «lanudo».

megatsunami Ola extremadamente gigantesca causada por un maremoto o por una erupción volcánica submarina.

ornitisquios Grupo de dinosaurios herbívoros que tenían una cadera similar a la de las aves.

Pangea Antiguo supercontinente que comprendía todos los continentes actuales de la Tierra antes de su separación hace 200 MA.

presa Animal que es o puede ser cazado por otro animal.

pterosaurio Reptil volador de la era de los dinosaurios.

regular Controlar o mantener algo, como la temperatura o la velocidad.

residuo Lo que queda después de la destrucción o descomposición de algo.

retráctil Se dice de la parte de un animal que puede retraerse dentro de algo más grande, quedando oculta, y sacarse otra vez, como la uña de un gato dentro de su dedo.

saurópodos Grupo de dinosaurios herbívoros gigantes con el cuello largo y la cabeza pequeña.

terópodos Grupo de dinosaurios saurisquios («con cadera de lagarto») que engloba a todos los dinosaurios carnívoros y a sus descendientes las aves. Los terópodos de la era de los dinosaurios tenían los brazos cortos (excepto los más aviares) y corrían a dos patas.

vegetación Conjunto de las plantas propias de un lugar o de una región.

El mundo del Cretácico

... en 30 segundos

Pangea continuó dividiéndose en el período Cretácico, se abrieron nuevos océanos y los continentes como Sudamérica y África se volvieron muy similares a como son hoy en día. El clima era húmedo y tan cálido que no había casquetes polares y el nivel del mar era mucho más alto que el actual. Grandes partes de las actuales tierras secas de hoy, como el sur de Inglaterra y el Medio Oeste de Estados Unidos, estaban entonces bajo el agua.

Al quedar separados los continentes, en cada uno de ellos se desarrollaron diferentes plantas y animales. Habían más pterosaurios y animales marinos, y en tierra había nuevos tipos de mamíferos, así como insectos sociales, como hormigas y abejas. Las plantas de flor, entre ellas los árboles de hojas anchas, empezaron a ser más numerosas que los helechos, mientras las coníferas se iban desplazando hacia tierras más altas.

Estas plantas más nutritivas permitieron que prosperaran los grandes herbívoros como *Triceratops* y *Argentinosaurus*, así como muchas especies más pequeñas que comían las plantas que tenían a su alcance. Al haber más herbívoros, había más alimento para terópodos temibles como *Velociraptor* y *Tyrannosaurus rex*. La evolución había hecho de estos carnívoros unos cazadores y carroñeros avanzados, con dientes afilados como navajas, poderosas mandíbulas, garras retráctiles y patas fuertes y rápidas.

Resumen en 3 segundos

En el Cretácico hubo una mayor variedad de dinosaurios, junto con nuevas plantas y animales.

Una ardua tarea, aunque...

Imagina un mundo sin flores, frutas ni verduras. Este es el mundo en el que viviríamos si no hubiese abejas. A diferencia de las coníferas, las angiospermas (o plantas de flor) necesitaban algo más que el viento para propagar sus semillas, y aquí entraron en juego las abejas, que evolucionaron para utilizar el polen de las plantas como alimento. Al volar de flor en flor, las abejas se las arreglaban para alimentarse mientras iban sembrando casi toda la Tierra de angiospermas durante el período Cretácico.

Los seres vivos continuaron evolucionando y fueron más numerosos durante el período Cretácico.

Pterosaurios de todos los tipos surcaban los cielos.

Se desarrollaron los insectos sociales, como abejas y hormigas.

Las plantas de flor y los árboles de hoja ancha proporcionaban más comida.

Los animales marinos como los mosasaurios, emparentados con los actuales varanos, adquirieron enormes tamaños.

Los dinosaurios con plumas evolucionaron en muchas especies diferentes.

Aparecieron varios mamíferos pequeños.

Luchar contra los carnívoros

... en 30 segundos

Durante el Cretácico, los herbívoros fueron adoptando todo tipo de formas y de tamaños, desde dinosaurios rápidos y no mayores que un perro hasta grandes animales acorazados con cuernos, colmillos y cráneos engrosados.

Algunos andaban a dos patas y otros a cuatro, pero todos ellos tenían el mismo problema: los depredadores. Para no ser devorados, los dinosaurios ornitisquios adoptaron medios de defensa cada vez mejores. Uno de sus grupos, el de los anquilosaurios, desarrolló una extensa coraza corporal y una cola con púas para defenderse de cualesquier cazador.

Los anquilosaurios como *Ankylosaurus* y *Euoplocephalus* tenían insertadas en su correosa piel, su dorso, sus flancos y su cola unas placas óseas planas que formaban un escudo que les protegía por completo, excepto el vientre. Su cabeza también estaba encerrada en una coraza, como un casco. En vez de huir, estos dinosaurios podían quedarse inmóviles y dejar que su coraza les protegiera de los dientes y las garras.

Los saurópodos, que todavía existían en el Cretácico, encontraron otra manera interesante de defenderse de los depredadores. Se volvieron demasiado enormes para que estos pudieran matarlos y devorarlos. Algunos, los titanosauroides, podían alcanzar 40 m de longitud, más del doble que cualquier dinosaurio carnívoro que existió nunca.

Resumen en 3 segundos

Los dinosaurios herbívoros aumentaron en número y adquirieron mejores medios de defensa.

Misteriosos conductos

Los anquilosáuridos tenían un cráneo inusual con una red de conductos o canales aéreos, semejante a una pista de montaña rusa. Puede que este flujo de aire impidiera que el cerebro se sobrecalentara dentro de la gruesa cubierta ósea. Es posible que también potenciara el sentido del olfato de estos animales y que incluso les ayudara a emitir sonidos. Al emitirlos, quizá podían atraer a una potencial pareja o incluso avisar a otros miembros de su especie de que estaban en peligro.

Los ornitisquios desarrollaron distintos medios para defenderse de los depredadores.

La coraza de *Euoplocephalus* tenía púas de 15 cm de longitud.

Con su maza caudal podía triturar huesos de dinosaurios.

Euoplocephalus

Incluso tenía párpados acorazados.

La mejor manera de luchar contra un anquilosaurio consistía en volcarlo para dejar expuesto su vientre sin acorazar.

Argentinosaurus

Argentinosaurus era tan pesado icomo 14 elefantes africanos!

Argentinosaurus

Euoplocephalus

Cuernos y golas

... en 30 segundos

No todas las corazas de dinosaurio servían exclusivamente para la defensa. Otro grupo de dinosaurios herbívoros llamados ceratopsios tenía intimidantes cuernos y golas en torno al cuello. Pero los aspectos pueden ser engañosos... aunque eran de hueso macizo, muchas de estas golas no hubieran resistido el ataque de un gran dinosaurio carnívoro.

Los científicos creen que los cuernos quizá servían para luchar contra otros miembros de su propia especie, como los ciervos con sus cuernas. Puede que las golas actuaran como radiadores y que liberaran el calor del cuerpo, o que sirvieran para atraer a posibles parejas y ahuyentar a los rivales; es posible que la gola incluso cambiara de color para mostrar el estado de ánimo o una advertencia. Cada especie tenía su «coraza de la cabeza» única, posiblemente para ayudar a sus miembros a identificarse unos a otros.

Cualquiera que fuese su uso, los cuernos y las golas debían ser una visión impresionante. *Styracosaurus* tenía una gola grande con de cuatro a seis cuernos largos, un cuerno más pequeño en cada una de sus mejillas y un único cuerno de 60 cm de longitud en su nariz. Grande como un elefante, *Triceratops* tenía una extensa gola y tres grandes cuernos, mientras que *Chasmosaurus* tenía una enorme gola triangular con agujeros, como una enorme vela en la parte posterior de su cabeza.

Resumen en 3 segundos

Los ceratopsios desarrollaron en su cabeza una «coraza» para la defensa y la exhibición.

¡Acábatelo todo!

Los ceratopsios también destacaban por su pico, sus abazones y las hileras de dientes insertados en la parte posterior de sus mandíbulas. El pico les ayudaba a excavar, recortar y cortar la vegetación que comían para sobrevivir. Sus abazones podían contener grandes cantidades de comida, mientras que con sus dientes especiales molían la materia vegetal en la parte posterior de sus mandíbulas. No había muchos nutrientes en estas plantas, y como eran tan difíciles de procesar, es probable que estos animales tuvieran que comer constantemente para poder vivir.

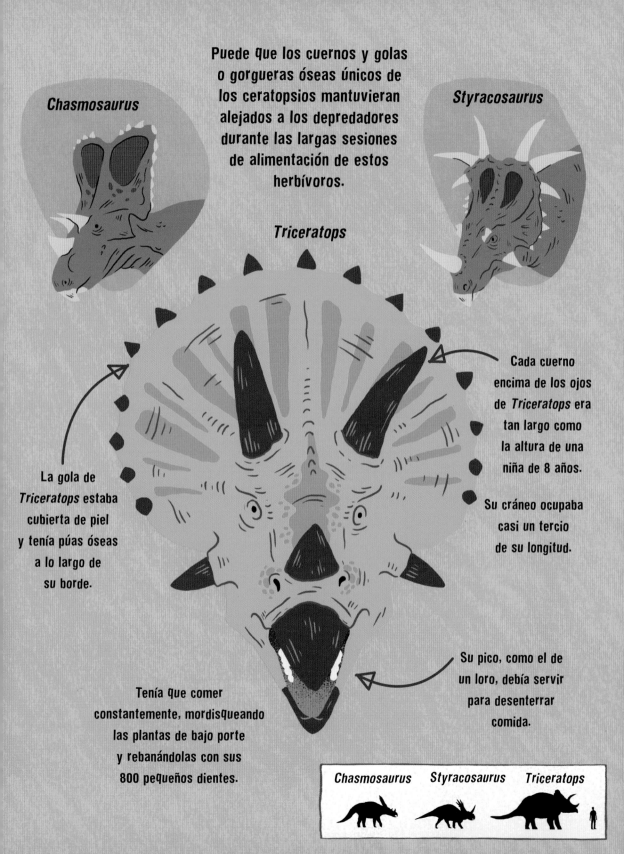

Chasmosaurus

Styracosaurus

Puede que los cuernos y golas o gorgueras óseas únicos de los ceratopsios mantuvieran alejados a los depredadores durante las largas sesiones de alimentación de estos herbívoros.

Triceratops

Cada cuerno encima de los ojos de *Triceratops* era tan largo como la altura de una niña de 8 años.

Su cráneo ocupaba casi un tercio de su longitud.

La gola de *Triceratops* estaba cubierta de piel y tenía púas óseas a lo largo de su borde.

Su pico, como el de un loro, debía servir para desenterrar comida.

Tenía que comer constantemente, mordisqueando las plantas de bajo porte y rebanándolas con sus 800 pequeños dientes.

Chasmosaurus   **Styracosaurus**   **Triceratops**

Depredadores gigantes

... en 30 segundos

Con tantos dinosaurios acorazados y enormes a su alrededor, los depredadores se volvieron todavía más feroces. De estos, los más conocidos son los tiranosáuridos, ruines máquinas de comer carne que tenían un cráneo enorme, equilibrado por una pesada cola. Con sus poderosas mandíbulas podían machacar huesos sin problemas.

Muchos de estos dinosaurios medían apenas unos pocos metros de longitud, pero *Tyrannosaurus rex*, con sus 12 m de longitud y 6 m de altura, era uno de los más grandes y más aterradores. Depredaba grandes herbívoros como *Triceratops* y *Anatosaurus*.

T. rex pesaba 6 toneladas y podía correr hasta a 32 km/h. Su gran cerebro (posiblemente mayor que el de un humano), su buen sentido del olfato y su aguzada visión debieron serle de ayuda para cazar presas y encontrar restos de carroña. No podía masticar, por lo que tragaba grandes pedazos enteros de la carne que arrancaba de sus víctimas.

T. rex era grande, pero *Giganotosaurus*, un carcarodontosáurido, medía unos 2 m más y vagaba por la Tierra 30 millones de años antes. Tenía los brazos más largos y pesaba 7-13 toneladas, equivalentes a la cantidad de alimento que necesitaba cada año para sobrevivir. Puede que *Giganotosaurus* viviera y cazara en pequeños grupos.

Resumen en 3 segundos

En el Cretácico, los tiranosáuridos y carcarodontosáuridos de mayor tamaño se convirtieron en expertas máquinas de matar.

¿Doble ración de carne, señor?

Gran tamaño equivale a grandes comidas. *T. rex* y *Giganotosaurus* debían tener que comer unas 265 víctimas del tamaño de un humano al año para sobrevivir. Puede que *T. rex* tragase de un bocado los dinosaurios más pequeños, y al igual que *Giganotosaurus,* debía cazar, asimismo, dinosaurios herbívoros más grandes. *T. rex* también era carroñero, es decir, comía animales en descomposición. ¡Con tanto apetito uno no podía ser quisquilloso!

Giganotosaurus y *T. rex* fueron dos de los depredadores más feroces que existieron jamás.

Giganotosaurus

La mandíbula de *Giganotosaurus* no era tan fuerte como la de *T. rex*, pero podía infligir heridas a modo de rebanadas.

Los 50 dientes de *T. rex* eran los más grandes de entre todos los dinosaurios.

Su cerebro medía lo mismo que un plátano, ¡la mitad de lo que pesaba el de *T. rex*!

T. rex

No podía correr tan deprisa como *T. rex* pero era más pesado y tenía las manos más largas.

Sus manos con dos dedos tenían el mismo tamaño que una mano humana.

Puede que *T. rex* tuviese una especie de plumón.

Giganotosaurus   *T. rex*

Spinosaurus y su vela dorsal

... en 30 segundos

En el Cretácico, el agua estaba llena de vida y era lógico que los dinosaurios más grandes empezaran a capturar peces para alimentarse. Los espinosáuridos, con su largo hocico y sus dientes mellados muy similares a los de los cocodrilos actuales, ¡puede que incluso se tragaran a sus presas enteras mientras nadaban!

Es posible que *Spinosaurus* midiera hasta 17 metros de longitud y pesara hasta 20 toneladas, lo que habría hecho de él el mayor dinosaurio carnívoro. Andaba a dos patas y tenía una «vela» en el dorso, la cual reseguía toda la columna vertebral y estaba hecha de espinas cubiertas de una fina piel.

Es posible que esta vela cambiara de color para atraer a las posibles parejas o que ayudara a regular la temperatura del dinosaurio. La sangre que circulaba por la vela podía calentarse con el sol o refrescarse con una brisa.

Es probable que *Spinosaurus* fuera semiacuático y que pasara mucho tiempo en el agua. Incluso es posible que usara esta vela para cambiar de dirección mientras nadaba. Comía sobre todo peces, pero quizá también vagara por tierra para cazar a otras presas o buscar carroñas, lo que le habría convertido en uno de los depredadores más pavorosos del Cretácico.

Resumen en 3 segundos

Spinosaurus, con su aspecto único, debió haber sido el mayor depredador que caminó sobre la Tierra.

Misión en 3 minutos
¿Más grande o más pequeño?

Los siguientes son algunos de los animales más pesados que existen hoy en nuestro planeta. ¿Sabes si eran más pesados o más ligeros que *Spinosaurus*? Comprueba las respuestas en la página 96.

Elefante africano
Ballena azul
Oso pardo
Cocodrilo marino

El gigantesco *Spinosaurus* tenía
una característica vela enorme
y un hocico como de cocodrilo.

Puede que su gran vela cambiara de
color cuando la sangre circulaba por
ella, ¡de un modo similar a cuando
los humanos se sonrojan!

Es posible que la vela de
Spinosaurus también tuviera
depósitos de grasa como
un camello.

Puede que
su vela
¡le ayudara
a nadar!

El hocico era muy largo y estrecho,
con dientes rectos y cónicos.

Con sus tres garras largas y
curvas podía capturar peces o
desgarrar la carne de una carroña.

Dromeosáuridos

... en 30 segundos

¿Cuál fue el dinosaurio más aterrador que jamás haya caminado por la Tierra? La mayoría diría un *Tyrannosaurus rex*. Pero para un dinosaurio del Cretácico, probablemente era un dromeosáurido, a veces conocido como raptor.

A primera vista, estos terópodos carnívoros no debían parecer tan aterradores. Quizá estuvieran cubiertos de plumas y la mayoría eran bastante pequeños. El mayor de ellos, *Utahraptor*, no era mucho más alto que un humano y los pequeños tenían el tamaño de un pollo.

Pero si te fijas más, te das cuenta de que eran unos asesinos muy eficaces. Rápidos y bípedos, es probable que cazaran en manadas. Es posible que la garra larga y curva de cada segundo dedo del pie les sirviera incluso para trepar a los árboles. Una vez capturado, el animal no tardaba mucho en perecer. La cola larga y rígida de los dromeosáuridos debía equilibrarlos mientras agarraban y cortaban sus presas con las tres afiladas garras que tenían en cada mano. Con sus mandíbulas largas y poderosas y sus afilados dientes, los dromeosáuridos debían devorar rápidamente todas las presas que capturaban.

Los dromeosáuridos tenían un cerebro grande para su tamaño y figuraron entre los dinosaurios más inteligentes. Pese a ello, ¡no debieron ser tan listos como un gato actual!

Resumen en 3 segundos

En el Cretácico, los dromeosáuridos eran eficientes y terroríficas máquinas de matar.

¿Endo o ecto?

La temperatura corporal de los dinosaurios es un tema difícil. Tendemos a creer que todos los dinosaurios absorbían el calor de fuera de su cuerpo, el del sol, lo que significa que eran ectotermos, como los reptiles modernos. Los mamíferos generan calor para mantener su temperatura corporal, es decir, son ectotérmicos. Algunos científicos creen que ciertos dinosaurios eran endotérmicos, o que tenían una manera «intermedia» -o mesotérmica- de calentarse y refrescarse. Otros consideran que ¡es una majadería! ¿Tú que crees?

Puede que los grandes ojos de *Velociraptor* le ayudaran a cazar durante la noche.

Los dromeosáuridos como este *Velociraptor* estaban perfectamente diseñados para matar a sus presas.

Es probable que la mayoría de dromeosáuridos cazaran en manadas.

Es posible que las plumas sirvieran para mantener el calor o que con sus colores fueran útiles para hacer señas a otros miembros de su especie.

La garra más larga del pie quedaba levantada cuando el animal andaba o corría.

Todos los dromeosáuridos tenían tres garras en cada mano y las palmas de las manos dirigidas hacia dentro para agarrar a sus presas.

Dinosaurios con aspecto de ave

... en 30 segundos

En el Cretácico, muchos terópodos desarrollaron características aviares. Los ornitomímidos, o «imitadores del avestruz», tenían el cuello largo, la cabeza muy pequeña y un pico sin dientes. En sus fósiles se han hallado evidencias de plumas y las impresiones muestran piel en vez de escamas en partes de sus patas. Sus largas patas indican que eran muy rápidos: un *Ornithomimus* podía correr 70 km/h.

Los troodóntidos como *Troodon* también tenían unas patas largas como de ave y es muy probable que tuvieran plumas. Pero como los dromeosáuridos, tenían una larga garra en cada pie para acuchillar a sus presas. Con su gran cerebro puede que fuesen los dinosaurios más inteligentes que existieron nunca.

Muchos terópodos también actuaban como aves. Así, por ejemplo, los ovirraptóridos, provistos de plumas y con un pico semejante al de un loro, incubaban sus huevos y se alimentaban tanto de plantas como de animales.

Otros dinosaurios suscitan más debate. Los científicos no están de acuerdo en si los alvarezsáuridos, con su pico puntiagudo, sus largas patas y sus manos como de ave, desenterraban termitas para alimentarse. Y aun cuando *Therizionosaurus* tenía garras de 1 m de longitud, es probable que las usara como guadañas gigantes para recolectar vegetales, en vez de atacar a otros dinosaurios.

Resumen en 3 segundos

Hubo distintos dinosaurios tipo ave en el Cretácico superior, y es posible que algunos deban clasificarse más bien como aves.

¿Simplemente aves?

Los dinosaurios con aspecto de ave forman parte de un gran grupo de dinosaurios carnívoros denominados *Coelurosaria*. Este engloba a todos los dinosaurios con plumas y los tiranosáuridos, incluido *T. rex*. Todos los manirraptores, como los therizinosaurios, dromeosáuridos, troodóntidos, ovirraptóridos y alvarezsáuridos, están dentro de este grupo, incluidas las aves actuales.

Es probable que la cresta de *Oviraptor* fuera de colores vivos.

Antes se creía que comía huevos, y de ahí su nombre, que significa «ladrón de huevos».

En el Cretácico vivieron varios dinosaurios con características aviares.

Ornithomimus era tan rápido como un avestruz.

Tenía un pico sin dientes.

Troodon era muy rápido para su tamaño.

Es probable que *Therizionosaurus* solo comiese plantas.

Sus grandes garras siguen siendo un misterio.

Ornithomimus

Therizinosaurus

Oviraptor

Troodon

Dinosaurios con pico de pato
... en 30 segundos

El cuerpo de los dinosaurios cambió muchísimo a lo largo de millones de años, pero esto no fue lo único que les ayudó a sobrevivir. La estructura social fue igual de importante y, de hecho, ayudó a los hadrosáuridos, o dinosaurios con pico de pato, a convertirse en los herbívoros más comunes del Cretácico superior.

Los hadrosáuridos viajaban en manadas, lo que debía prevenir los ataques de los depredadores. Es probable que *Maiasaura* cuidara de sus crías, lo que le daba mayores probabilidades de sobrevivir que si las hubiera dejado eclosionar por su cuenta. Otros hadrosáuridos tenían extraordinarias crestas, probablemente de colores vivos, y además de darles un aguzado sentido del olfato gracias a los conductos nasales conectados, puede que tuvieran un uso social. Es posible que *Parasaurolophus* y *Corythosaurus* utilizaran su cresta para emitir «llamadas» como de trombón y de muy gran alcance. Puede que estas llamadas les sirvieran de ayuda para encontrar pareja o para avisar de algún peligro.

Los hadrosáuridos estaban muy adaptados para comer plantas. Con su «pico de pato», u hocico, recolectaban la vegetación de bajo porte y luego se valían de una compleja serie de dientes moledores para masticar, lo que significa que podían digerir su alimento con más eficiencia, a diferencia de los saurópodos ¡que tragaban enteras sus verduras!

Resumen en 3 segundos

Los socialmente avanzados hadrosáuridos, o «picos de pato», dominaron el Cretácico tardío.

Misión en 3 minutos **Llama como un hadrosáurido**

Es posible que cada especie de hadrosáurido tuviera su llamada única, gracias a unos tubos huecos que conectaban su cresta con sus orificios nasales. Intenta producir tus propios sonidos.
Necesitas: • tubo de plástico • tijeras • la ayuda de un adulto
1 Pídele a un adulto que te ayude a cortar trozos cortos y largos de tubo de plástico.
2 Con cada trozo de tubo de diferente longitud, aprieta bien tu pulgar u otro dedo contra uno de sus orificios y sopla por el otro extremo para producir un sonido. ¿Cuán diferente es cada sonido?

Los dinosaurios «picos de pato»
como *Maisaura* cuidaban de sus crías
y vivían juntos.

Puede que los hadrosáuridos vivieran en grandes manadas.

Maisaura tenía la parte superior del cráneo plana a diferencia de la mayoría de los hadrosáuridos, que tenían cresta.

El nombre *Maisaura* significa «buena madre lagarto». Se han encontrado nidos fosilizados de este dinosaurio junto con cáscaras de huevo aplastadas.

Sus huevos tenían el tamaño de una pelota de rugby.

La extinción de los dinosaurios
... en 30 segundos

Los dinosaurios vagaron por nuestro planeta durante 160 millones de años, pero se extinguieron en apenas unos pocos meses. ¿Cómo sucedió eso?

Muchos científicos creen que fue la combinación de un asteroide gigante que chocó con la Tierra y una serie de erupciones volcánicas masivas que sofocaron el planeta. Al final del Cretácico, la deriva de los continentes provocó una interminable serie de erupciones volcánicas y el aire se llenó de polvos tóxicos y de vapores que apestaban a huevos podridos. Durante unos 30 000 años, la lava procedente de los volcanes en erupción cubrió la mitad de la India.

¡Obviamente, el asteroide no ayudó! Con sus 10 kilómetros de anchura cuando chocó contra México, fue como si miles de bombas nucleares explotaran a la vez, arrojando millones de toneladas de polvo, suelo y rocas al aire, y provocando huracanes, incontables incendios y «megatsunamis».

Es probable que el polvo bloqueara el sol durante meses, lo que mató a las plantas y a los dinosaurios herbívoros. Los carnívoros murieron de hambre, al igual que las tres cuartas partes de seres vivos de la Tierra. Varios grupos de animales sobrevivieron, en su mayoría dentro del agua o bajo tierra, en madrigueras. Muchos fueron los ancestros de los mamíferos modernos.

Resumen en 3 segundos

Los catastróficos acontecimientos de finales del Cretácico provocaron la extinción de todos los dinosaurios no aviares.

Misión en 3 minutos ¡Crea un cráter!

Cuando un asteroide chocó contra el golfo de México hace 66 millones de años, su impacto dejó un enorme cráter. ¡Haz tu propio cráter!
Necesitas: • papel de periódico • polvo: chocolate en polvo, pintura en polvo o harina • bolas de diferentes tamaños y pesos, como mármol, arcilla y una manzana.
1 Fuera de casa, cubre el suelo con el papel de periódico y el polvo.
2 Deja caer las diferentes bolas desde distinas alturas y observa cómo cada uno de los impactos forma un cráter de diferente tamaño y lanza residuos al aire.

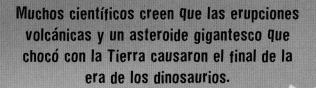

Muchos científicos creen que las erupciones volcánicas y un asteroide gigantesco que chocó con la Tierra causaron el final de la era de los dinosaurios.

Los gases y el humo de muchos volcanes ya debieron matar muchas plantas y animales.

Sin la luz del sol, las plantas, y más tarde los animales, no pudieron sobrevivir.

El impacto del asteroide debió desencadenar terremotos, erupciones volcánicas y «megatsunamis».

Un asteroide que choca contra la Tierra se llama meteorito. El lugar del meteorito en México se conoce como el cráter de Chicxulub.

El polvo y las partículas debieron cubrir la Tierra hasta durante diez años.

Después de los dinosaurios

... en 30 segundos

Aunque los dinosaurios no aviares se extinguieron, sobrevivieron otros grupos de animales. Tras la extinción masiva de los dinosaurios, los continentes siguieron derivando lentamente hasta adoptar sus posiciones actuales, las temperaturas descendieron y las praderas empezaron a desarrollarse.

Los mamíferos, en su mayoría herbívoros que se alimentaban de pequeñas plantas, prosperaron con esta nueva fuente de alimentación y muchos formaron grandes manadas que migraban por las extensas llanuras verdes. Al haber tantos herbívoros aparecieron más carnívoros para cazarlos. Surgieron más especies de insectos, reptiles y animales marinos.

La era Cenozoica, o era de los mamíferos, empezó hace 66 MA y continúa hoy en día. Hubo mamíferos como el tigre de dientes de sable y los mamuts que no sobrevivieron a las glaciaciones que vendrían después, así como simios homínidos, incluidos los ancestros de los humanos. Hoy somos la especie dominante del planeta.

Pero no es el final de la historia de los dinosaurios. Sus últimos representantes, las aves, están en todo el mundo, incluida la Antártida. No hay duda de que las aves dominan los cielos igual que sus ancestros no aviares habían dominado la tierra firme. De hecho, algunos polluelos son casi idénticos a los dinosaurios.

Resumen en 3 segundos

Después de la extinción de los dinosaurios no aviares, otros animales se volvieron abundantes en las tierras firmes.

Misión en 3 minutos
¿En peligro de extinción... o extintos?

Los dinosaurios son el ejemplo más famoso de extinción masiva, pero ha habido muchas más extinciones desde la era de los dinosaurios. Cuando un animal está gravemente amenazado de extinción, se dice que está en peligro crítico. Ahora mismo hay más de 200 mamíferos en peligro crítico en el mundo. Consulta Internet o investiga en la biblioteca cuáles están en peligro. Encuentra algunas de las respuestas en la página 96.

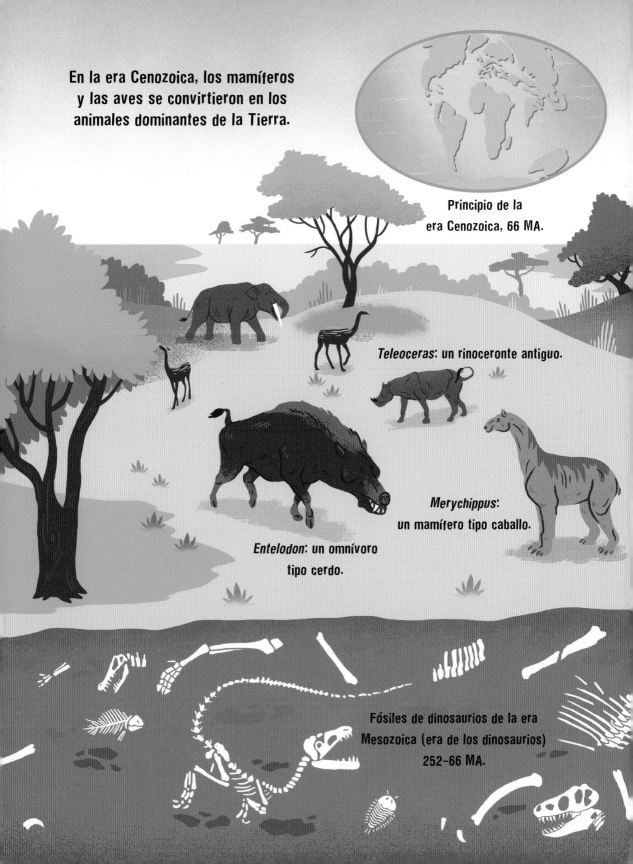

En la era Cenozoica, los mamíferos y las aves se convirtieron en los animales dominantes de la Tierra.

Principio de la era Cenozoica, 66 MA.

Teleoceras: un rinoceronte antiguo.

Merychippus: un mamífero tipo caballo.

Entelodon: un omnívoro tipo cerdo.

Fósiles de dinosaurios de la era Mesozoica (era de los dinosaurios) 252–66 MA.

¿Cómo sabemos cosas sobre los dinosaurios?

Hubo que esperar a principios del siglo XIX para que los fósiles de dinosaurios se reconocieran como los restos de un tipo de animal prehistórico. Antes se creía que los extraños huesos ¡pertenecían a dragones o a gigantes! Pero los años de estudios científicos nos han ayudado a saber muchas cosas sobre los dinosaurios, y siempre hay algo más por descubrir. Unas 700 especies de dinosaurios se han nombrado hasta el día de hoy y casi cada semana se da nombre a una nueva especie.

¿Cómo sabemos cosas sobre los dinosaurios?

Glosario

abazones Los dos sacos o bolsas que tienen o tenían dentro de la boca algunos animales –monos, algunos roedores, algunos dinosaurios– para almacenar los alimentos antes de masticarlos.

adaptación Proceso por el que un ser vivo se acomoda al medio ambiente y a sus cambios.

adaptarse Dicho de un ser vivo, acomodarse a las condiciones del medio ambiente y a sus cambios.

carroñero (o necrófago) Se dice de un animal que se alimenta de animales muertos o en putrefacción.

coraza Cubierta dura que protege el cuerpo de ciertos animales.

corrimiento de tierras Derrumbe de una masa de tierra y/o piedras y rocas de un acantilado o de una montaña.

depredador Se dice de un animal que caza a otros animales para alimentarse y subsistir.

descendiente Ser vivo que proviene de un ancestro: una hija es descendiente de sus padres.

Edad Media Período de la historia comprendido entre 500 y 1500 d.C.

empollar Incubar

especie Grupo de animales, plantas, hongos u otros tipos de seres vivos que son similares y que pueden tener descendencia fértil.

evolución Proceso según el cual se han ido desarrollando todos los seres vivos, transformándose unos en otros durante largos períodos de tiempo, a partir de los primeros organismos.

fúrcula Hueso en forma de horquilla, formado por la fusión de las dos clavículas y situado entre el cuello y el pecho de las aves y de los dinosaurios terópodos.

gastrolito Piedra que un animal traga para que le ayude a triturar sus alimentos.

incrustado Dícese de algo que está fijado firme o profundamente en el suelo o en otro objeto duro.

incubar Calentar los huevos, por lo general con el cuerpo y a menudo sentándose encima, para que nazcan las crías.

mamíferos Grupo de animales vertebrados que respiran aire y tienen pelos y cuyas hembras producen leche para alimentar a sus crías.

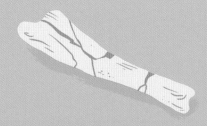

manirraptores Grupo de **terópodos** avanzados que comprende las aves y los dinosaurios no aviares más estrechamente emparentados con ellas.

minerales Sustancias de las que se componen las rocas, las arenas y los suelos de la Tierra.

Morrison (formación) Extensa área de rocas sedimentarias del Oeste de Estados Unidos en la que se han encontrado muchos fósiles.

oxígeno Elemento químico gaseoso que se encuentra en el aire; no tiene color, sabor ni olor y es necesario para la mayoría de los seres vivos.

paleontólogo Científico que estudia los fósiles y la historia de la vida.

presa Animal que es o puede ser cazado por otro animal.

preservado/a Se dice del animal muerto u otro resto orgánico que ha permanecido sin pudrirse o en el mismo estado durante un largo período de tiempo.

reconstruir Volver a construir algo después de que haya sido destruido.

regular Controlar algo.

saurópodos Grupo de dinosaurios herbívoros gigantes con el cuello largo y la cabeza pequeña.

sedimentos Materiales que tras haber estado suspendidos en un líquido se posan en el fondo, como el suelo suspendido en un río que se posa en un lago.

termitas Grupo de insectos sociales de cuerpo blando que construyen nidos subterráneos, nidos que sobresalen del suelo (estos montones o construcciones de tierra son los termiteros más conocidos) o nidos en árboles.

terópodos Grupo de dinosaurios saurisquios («con cadera de lagarto») que engloba a todos los dinosaurios carnívoros y a sus descendientes las aves. Los terópodos de la era de los dinosaurios tenían los brazos cortos (excepto los más aviares) y corrían a dos patas.

trópico Región de la tierra situada a ambos lados del ecuador, hasta unos 23º Norte y 23º Sur. Su clima es cálido o caluroso y, por lo general, húmedo durante todo el año.

¿Qué son los fósiles?

... en 30 segundos

¿Cómo sabemos siquiera que los dinosaurios existieron, por no hablar de qué aspecto tenían? ¡Por sus fósiles, por supuesto!

Pero ¿qué son los fósiles? ¿Y cómo permanecieron intactos durante al menos 66 millones de años? Ante todo, ten en cuenta que los fósiles -los restos preservados de un animal, planta u otro ser vivo- son extremadamente raros en comparación con los numerosísimos seres vivos que han existido en la Tierra. La mayoría de los animales muertos se pudren, y sus huesos y dientes se convierten en polvo a lo largo del tiempo.

Pero en raras ocasiones esto no ocurrió, como cuando un dinosaurio quedaba atrapado en el barro. Su cuerpo quedaba cubierto de sedimentos y era difícil alimentarse de su cadáver. Sin oxígeno que llegara hasta él, el cuerpo tardaba mucho tiempo en descomponerse, y a lo largo de miles de años, sustancias minerales entraban en los dientes, huesos y a veces otros restos, como piel, y los acababan transformando en roca.

A lo largo del tiempo, los fósiles han sido empujados hasta la superficie, lavados por el agua o puestos al descubierto por los corrimientos de tierras. Los paleontólogos intentan ponerlos juntos como un rompecabezas. Así, hemos podido reconstruir esqueletos de dinosaurios para explicar qué aspecto tenían e incluso saber cómo vivieron y murieron.

Resumen en 3 segundos

Los científicos estudian los dinosaurios examinando los restos fosilizados preservados en la tierra.

Misión en 3 minutos Muestra y explica

Necesitas: • un tarro • cola blanca o de PVA • agua • un pincel • una vitrina • una pluma • etiquetas

1 En un tarro, diluye la cola con 4 partes de agua por 1 de cola.
2 Cepilla cuidadosamente tu fósil con la cola y deja que se seque.
3 Una vez seco, pon tu fósil preservado en la vitrina y asegúrate de colocar en su etiqueta el nombre correcto de la especie o (lo que es mucho más habitual) del género, la parte del cuerpo y la fecha y el lugar donde se encontró.

Los paleontólogos buscan huesos de dinosaurios para poder conservarlos y estudiarlos.

Hace 90 MA: una manada de crías de *Sinornithomimus* quedó atrapada en el barro y todas murieron.

Actualidad: se encuentran los fósiles de la manada.

Si el cuerpo deja una fuerte huella en el barro, los fósiles pueden mostrar cómo era la piel o si los dinosaurios tenían plumas.

El yacimiento se delimita, de tal forma que los paleontólogos puedan desenterrar y preparar los fósiles.

Una vez expuestos, los fósiles se protegen con revestimientos de yeso y con tiras hechas con un tejido tosco.

Trazas fósiles

... en 30 segundos

Los fósiles de dinosaurios no solo son huesos y dientes; los huevos, las huellas e incluso el contenido del estómago, los llamados cololitos, nos ayudan a saber cómo vivían. Estos restos se llaman trazas fósiles (o, técnicamente, icnofósiles).

Los cololitos, así como los excrementos fosilizados, los coprolitos, nos muestran lo que comían, ya fuera semillas de plantas, insectos u otros dinosaurios. Los cololitos nos han mostrado que algunos dinosaurios ¡devoraban incluso a sus propias crías!

Los dientes de dinosaurio son los fósiles más comunes, y nos dicen si el animal podía morder a través del hueso, desgarrar carne o arrancar hojas de los árboles. Los dientes nos revelan cómo comían los dinosaurios, si tragaban grandes pedazos de carne enteros, si molían las materias vegetales o si las rebanaban. A veces solo se encuentran las huellas de sendas o de pisadas de dinosaurio, pero incluso estos rastros ayudan a los científicos a determinar lo rápido que corría el dinosaurio, si vivía en grupos o su peso.

Otros restos ayudan a los paleontólogos a hacer descubrimientos innovadores. Los nidos y huevos fosilizados de *Maiasaura* mostraron que sus crías recién nacidas eran incapaces de alimentarse solas, lo que significa que sus padres tuvieron que criarlas en lugar de dejar que se las arreglasen, como se cree que hacían otros muchos dinosaurios.

Resumen en 3 segundos

Las trazas y sendas fósiles revelan información sobre cómo vivían los dinosaurios.

Misión en 3 minutos Fósiles hechos por ti

Si no ha tenido la suerte de encontrar un fósil en tu anterior excavación (*véase* pág. 12), ¿por qué no construyes uno?
Necesitas: • un recipiente de leche de 2 o 4 litros, cortado en sentido longitudinal • tijeras • arena • yeso blanco • **un adulto que ayude**
1 Con la ayuda de un adulto, corta y luego llena el recipiente con una capa de arena, pon tu pie encima y presiona para que deje una huella.
2 Prepara un poco de yeso y viértelo en el recipiente, asegurándote de que cubre por completo la huella de tu pisada.
3 Deja que se solidifique y luego retira el «fósil» de tu pisada.

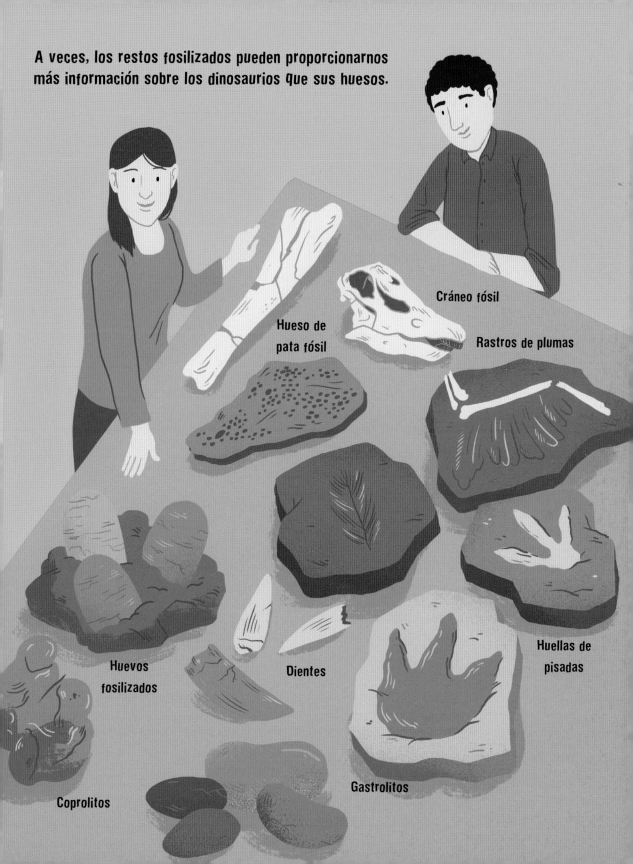

A veces, los restos fosilizados pueden proporcionarnos más información sobre los dinosaurios que sus huesos.

Cráneo fósil

Hueso de pata fósil

Rastros de plumas

Huevos fosilizados

Dientes

Huellas de pisadas

Coprolitos

Gastrolitos

Detectives de dinosaurios

... en 30 segundos

Ciertos hallazgos de fósiles han permitido algunos de los descubrimientos más impresionantes sobre los dinosaurios. He aquí unos pocos:

Hacia finales del siglo XIX se encontraron tantos fósiles en la Fundación Morrison, en el Oeste de Estados Unidos, que se desencadenó la denominada «guerra de los huesos» entre dos paleontólogos, que compitieron para ver quién de los dos podía identificar un mayor número de dinosaurios. Se identificaron más de 140 dinosaurios, entre ellos *Stegosaurus, Allosaurus, Diplodocus, Brontosaurus* y *Brachiosaurus*. En realidad, muchos de los huesos de dinosaurio siguen estando incrustados en las rocas para que los visitantes los vean.

A mediados de la década de 1990 se encontraron miles de restos de dinosaurios «alados», como *Confuciusornis* y *Sinosauropteryx,* en los sedimentos lacustres de grano fino de Liaoning, en China. Muchos de ellos incluso se hallaron preservados con plumas corporales de tipo plumón. Con esto se inició toda una nueva manera de estudiar los dinosaurios con plumas y la evolución del vuelo y de las aves.

En el desierto de Gobi, en Mongolia, se han descubierto muchos dinosaurios. Los paleontólogos han encontrado allí el esqueleto fosilizado de una madre *Oviraptor* todavía sentada sobre sus huevos. Incluso hallaron allí los fósiles de un *Velociraptor* y de un *Protoceratops* enzarzados en una lucha. Una tormenta de arena acabó con su vida.

Resumen en 3 segundos

Algunos hallazgos de fósiles han llevado a una manera nueva de entender cómo actuaban los dinosaurios o qué aspecto tenían.

Grandes fósiles de dinosaurios encontrados

Hueso de muslo: 2,4 m de longitud, titanosaurio (1987).
Cráneo: casi 3 m de longitud, *Triceratops* (2012).
Esqueleto de dinosaurio completo más largo: 27 m, *Diplodocus* (1901).
Diente: 30 cm de longitud, incluida la raíz, *T. rex* (1990).

Algunos hallazgos de fósiles han permitido grandes avances en nuestros conocimientos sobre los dinosaurios.

Guerra de los huesos

Hacia finales del siglo XIX en Estados Unidos, Edward Drinker Cope y Othniel Charles Marsh compitieron para ver quién podía encontrar el mayor número de fósiles en una zona.

En algo más de 20 años encontraron algunos de los fósiles de dinosaurios más famosos del mundo.

El vínculo con las aves

Se encontraron fósiles de *Microraptor* que tenían cuatro extremidades con plumas, apropiadas para planear.

En la década de 1990, unos fósiles y unas huellas o impresiones aportaron pruebas de la existencia de dinosaurios con plumas.

Construcción de una escena en la arena

La posición en que se encontró este *Velociraptor* y este *Protoceratops* indica que estaban luchando. Estaban enterrados en arena y les había matado una tormenta de arena.

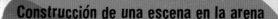

¿Dinosaurios en miniatura?

... en 30 segundos

¿De dónde vienen las aves? Aunque los científicos todavía no están totalmente seguros de cómo sucedió, en la actualidad están de acuerdo en que las aves son los descendientes directos de los dinosaurios.

Los paleontólogos están estudiando todavía los complejos vínculos existentes entre los dinosaurios y las primeras aves, así como la evolución del vuelo y de las plumas. Pero hoy sabemos que algunos dinosaurios tenían plumas y que incluso planeaban desde los árboles con sus largas extremidades plumadas. Muchos terópodos manirraptores también tenían muñecas flexibles que pudieron haber facilitado el vuelo.

Las aves y algunos dinosaurios tienen muchas otras características y pautas en común, como empollar huevos, utilizar plumas de colores vivos para atraer a las posibles parejas y poseer una garra especializada para matar y agarrar a sus presas. Las aves también tienen algo más en común con los antiguos dinosaurios: la fúrcula.

Aunque no conocemos los detalles de cómo evolucionaron los dinosaurios y las aves, hay algo que sí se sabe con certeza: los dinosaurios todavía están vivos. Los vemos en nuestros jardines y poblaciones, en los desiertos, en el trópico e incluso en la Antártida. De hecho, siguen siendo uno de los grupos de animales más exitosos que ha existido nunca.

Resumen en 3 segundos

Los científicos en la actualidad creen que las aves son los descendientes directos de los dinosaurios.

¿Pollosaurus?

Aunque sea difícil de creer, la fantasía de *Parque Jurásico*, la película de 1993 en la que se recrean dinosaurios en una isla tropical, podría, de hecho, ser posible... Después de todo, los científicos ya han creado... ¡el dino-pollo! Al revertir un gen cuando un pollito todavía estaba dentro del huevo, impidieron que su pico creciera y le dejaron un «hocico» semejante al de un dinosaurio. El paso siguiente, por lo que parece, será darle una cola al pollo...

Las aves y los antiguos dinosaurios tienen muchas características en común.

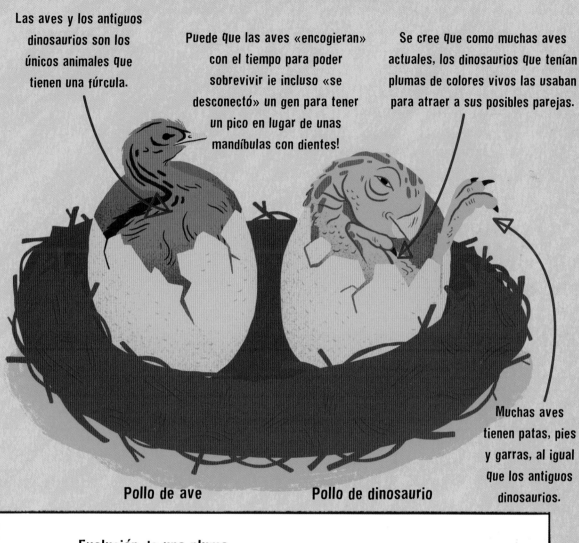

Las aves y los antiguos dinosaurios son los únicos animales que tienen una fúrcula.

Puede que las aves «encogieran» con el tiempo para poder sobrevivir ¡e incluso «se desconectó» un gen para tener un pico en lugar de unas mandíbulas con dientes!

Se cree que como muchas aves actuales, los dinosaurios que tenían plumas de colores vivos las usaban para atraer a sus posibles parejas.

Pollo de ave

Pollo de dinosaurio

Muchas aves tienen patas, pies y garras, al igual que los antiguos dinosaurios.

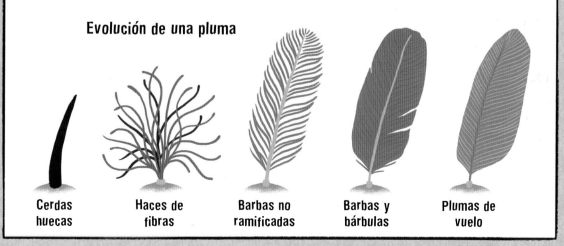

Evolución de una pluma

| Cerdas huecas | Haces de fibras | Barbas no ramificadas | Barbas y bárbulas | Plumas de vuelo |

Esqueletos de dinosaurios

... en 30 segundos

Es muy raro que se encuentre un esqueleto completo de dinosaurio, ya que las probabilidades de que tan solo un hueso fosilizado sobreviva en el suelo son muy pequeñas. Los dinosaurios vivieron hace unos 66 millones de años. Y sin embargo, son estos esqueletos completos –o articulados– los que más datos aportan.

Pero ¿qué hizo que tuvieran el aspecto que tenían? Algunos se volvieron enormes para defenderse de los grandes depredadores y otros eran pequeños para correr y esconderse, o para conseguir alimentos que los animales más grandes no podían obtener. Las patas largas servían para correr más rápido y las gruesas para soportar más peso corporal.

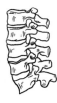

Los tipos de sustento disponible también eran importantes, ya que algunos dinosaurios desarrollaron fuertes mandíbulas para triturar plantas o abazones para almacenarlas. Otros tenían largas garras para matar a sus presas o incluso excavar termiteros y arrancar hojas de los árboles. Otros empezaron a usar sus extremidades como alas para planear desde los árboles y capturar insectos.

Los dinosaurios no solo se adaptaron para encontrar alimento, escapar de los depredadores o cazar. Las golas del cuello, la armadura de la cabeza, las crestas y las placas también debieron servir para atraer a posibles parejas, ayudar a los miembros de una misma especie a encontrarse unos a otros o incluso a regular la temperatura del dinosaurio.

Resumen en 3 segundos

Los esqueletos de dinosaurio, muy poco comunes, nos permiten saber muchas cosas sobre distintos dinosaurios.

¡Dos grandes chicas!

El nombre del *T. rex* más grande que se ha encontrado es... Sue. Con sus 4 m de altura en la cadera, 12,3 m de longitud y 6,5 toneladas de peso era un animal terrorífico. Sue se vendió por 7,6 millones de dólares de Estados Unidos (7,17 millones de euros), lo máximo que se ha pagado por un esqueleto de dinosaurio. Y no olvidemos a Sophie, el esqueleto más completo de *Stegosaurus*, del que se ha encontrado el 85 % de sus huesos, y que se halla en el Museo de Historia Natural de Londres.

Un esqueleto de *Tyrannosaurus rex* muestra importantes diferencias en comparación con otros dinosaurios.

T. rex podía triturar huesos. Las mandíbulas y los dientes de otros dinosaurios estaban adaptados para recoger plantas, comer insectos o capturar peces.

El cerebro de *T. rex* tenía el mismo tamaño que el de un humano, pero el de *Stegosaurus* ¡tenía el tamaño de una nuez!

El estómago de los saurópodos podía contener enormes cantidades de plantas que el animal digería lentamente, pero el esbelto *T. rex* tenía un metabolismo rápido.

La rígida cola ayudaba a *T. rex* a equilibrarse mientras corría, mientras que la larga y fina cola de *Diplodocus* ¡«azotaba» a sus atacantes!

Los largos huesos ayudaban a *T. rex* a correr con rapidez. Los saurópodos, en cambio, necesitaban unas patas gruesas y rectas para sostener su peso.

Muchos dinosaurios tenían garras para defenderse, como el pulgar transformado en púa de *Iguanodon*. Las de *T. rex* eran tan pequeñas que los científicos no están seguros de su utilidad.

Cambios de opinión

... en 30 segundos

Al principio se creía que los huesos de dinosaurios pertenecían a dragones o a gigantes. Al no saber qué era un dinosaurio, podía tener sentido en la Edad Media. Hoy sabemos tanto sobre estos animales que podríamos pensar que casi nada puede sorprendernos; sin embargo, a medida que encontramos nuevos fósiles de dinosaurio y utilizamos nuevas tecnologías, añadimos más detalles fascinantes a este tema, e incluso cambiamos las piezas a medida que avanzamos.

Tyrannosaurus rex suele mostrarse con una piel escamosa semejante a la de un lagarto, pero hoy sabemos que otro tiranosauroide, *Yutyrannus*, tenía una capa de plumas, y es posible que todas sus crías tuvieran una piel cubierta de un suave plumón.

Hace casi 100 años se encontró un dinosaurio fósil junto a un nido con huevos y se le llamó *Oviraptor* («ladrón de huevos») porque se creía que los estaba robando para alimentarse, pero los estudios posteriores demostraron que este dinosaurio había estado empollando sus propios huevos como las aves. Esto nos hizo cambiar nuestras ideas sobre cómo se comportaban los dinosaurios con sus crías y también nos hizo repensar sus relaciones evolutivas con las aves.

Aún quedan muchos misterios por resolver... ¿Los dinosaurios regulaban su temperatura como los mamíferos o como los reptiles? ¿Tenían colores vivos? ¿Qué tipo de sonidos producían? ¿Era *T. rex* tan solo un carroñero muy grande?

Resumen en 3 segundos

Nuestras opiniones sobre los dinosaurios cambian sin cesar y aún quedan cuestiones por resolver.

¿Todos los colores del arco iris?

El color de la piel sigue siendo un enigma. Los dinosaurios suelen representarse con la piel gris o con colores que les ayudaban a camuflarse en su entorno. Pero si las características como crestas y golas servían para la exhibición, parece más probable que tuvieran colores brillantes o que cambiaran de color según la ocasión.

Los nuevos descubrimientos y las nuevas tecnologías nos permiten averiguar todavía más cosas sobre los dinosaurios pero aún quedan cuestiones por resolver.

Descubre más

LIBROS

¡Desentierra dinosaurios!
Jonathan Tennant, Vladimir Nikolov,
Charlie Simpson
Blume, 2015.

Dinosaurios de la península Ibérica
F. Ortega, F. Escaso, J. M. Gasulla,
P. Dantas y J. L. Sanz,
Estudios geológicos, 62 (1),
enero-diciembre de 2006.

Dinosaurios. Los señores del pasado
J. L. Sanz
Martínez Roca, 2000.

Dinosaurios. Un libro de texto
Spencer G. Lucas
Omega, 2007.

El libro completo de los dinosaurios
Steve Parker
Blume, 2007.

El mundo perdido de los dinosaurios
Jean-Guy Michard
Blume, 2011.

La enciclopedia ilustrada de los
dinosaurios y otros animales
prehistóricos
Dougal Dixon
Omega, 2010.

Y para los niños que dominen el inglés:

The World Encyclopedia of Dinosaurs
& Prehistoric Creatures
Dougal Dixon
Southwater, 2014.

DVD para todas las edades

Attenborough and the Giant Dinosaur
BBC, 2016.

David Attenborough's Natural History
Museum Alive 3D
Go Entertain, 2014.

Dinosaurs
Discovery Channel, 2009.

March of the Dinosaurs
BBC, 2011.

Planet Dinosaur
BBC, 2011.

The Four-winged Dinosaur
Nova, 2008.

Walking with Dinosaurs
BBC, 1999.

PÁGINAS WEB

Centro Paleontológico de Enciso
(La Rioja)
http://encisonet.com/museo-
palontologico

Dinópolis
(Teruel)
http://www.fundaciondinopolis.org/

Institut de Paleontologia
Miquel Crusafont,
Sabadell (p. web en catalán)
http://www.icp.cat/index.php/ca/

Museo de Ciencias Naturales, Madrid
http://www.mncn.csic.es/Menu/
Exposiciones/Visitasvirtuales/
seccion=1187&idioma=es_ES.do
(visita a la Exposición «Minerales,
fósiles y evolución humana»).

Museo de los dinosaurios
Salas de los Infantes (Burgos)
http://www.fundaciondinosaurioscyl.com/
es/museo/
http://www.fundaciondinosaurioscyl.com/
es/portada/

Parque Cretácico y
Museu de la Conca Dellà
Isona (Lleida) (web en castellano) *http://*
www.parc-cretaci.com/es/

Aunque el editor ha realizado todos los esfuerzos posibles para asegurarse de que el contenido de estas páginas web sea material educativo de la mejor calidad y sea apropiado para los niños, recomendamos encarecidamente que el acceso a Internet lo supervise un adulto responsable.

Índice

Respuestas a los cuestionarios

Página 14: evolución convergente
Entre los animales y plantas con espinas
están los cactus, el pez erizo y el puercoespín.

Página 64: ¿Más grande o más pequeño?
Elefante africano: más ligero (6 toneladas)
Ballena azul: más pesada (180 toneladas)
Oso pardo: más ligero (0,3 toneladas)
Cocodrilo marino: más ligero (0,5 toneladas)
**Página 74: ¿En peligro de extinción…
o extintos?** Entre los animales en peligro
crítico figuran los rinocerontes negro, de

Java y de Sumatra; los gorilas occidental
y oriental; la vaquita marina (la marsopa
endémica del mar de Cortés) y la lagartija
batueca, y entre los animales en peligro
de extinción, el elefante asiático, el
tigre, la pantera de las nieves, el lince
ibérico, las lagartijas carpetana, aranesa
y pallaresa, y el tritón del Montseny.
Para más información, visita http://
www.wwf.es/wwf_adena/y sobre todo
(si sabes inglés o te ayudan con él):
http://www.iucnredlist.org/